을 위한

# 무대
# 발성법

박용열 지음

BM (주)도서출판 성안당

# 뮤지컬을 위한 무대 발성법

2013. 11. 28. 1판 1쇄 발행
2014. 4. 1. 1판 2쇄 발행
2016. 1. 12. 1판 3쇄 발행
2019. 2. 20. 개정증보 1판 1쇄 발행
**2023. 3. 29. 개정증보 1판 2쇄 발행**

저자와의
협의하에
검인생략

지은이 | 박용열
펴낸이 | 이종춘
펴낸곳 | BM (주)도서출판 성안당

주소 | 04032 서울시 마포구 양화로 127 첨단빌딩 5층(출판기획 R&D 센터)
10881 경기도 파주시 문발로 112 파주 출판 문화도시(제작 및 물류)

전화 | 02) 3142-0036
031) 950-6300
팩스 | 031) 955-0510
등록 | 1973.2.1 제406-2005-000046호
출판사 홈페이지 | www.cyber.co.kr
내용 문의 | tenore0082@naver.com
ISBN | 978-89-315-8769-2 (13680)
정가 | 23,000원

이 책을 만든 사람들
기획 | 최옥현
진행 | 최창동
교열 | 인투
삽화 | 이정율
사진 | 윤상근
본문 디자인 | 인투, 김경미
표지 디자인 | 박원석
홍보 | 김계향, 유미나, 이준영, 정단비
국제부 | 이선민, 조혜란
마케팅 | 구본철, 차정욱, 오영일, 나진호, 강호묵
마케팅 지원 | 장상범
제작 | 김유석

■ 도서 A/S 안내

성안당에서 발행하는 모든 도서는 저자와 출판사, 그리고 독자가 함께 만들어 나갑니다.
좋은 책을 펴내기 위해 많은 노력을 기울이고 있습니다. 혹시라도 내용상의 오류나 오탈자 등이 발견되면 **"좋은 책은 나라의 보배"**로서 우리 모두가 함께 만들어 간다는 마음으로 연락주시기 바랍니다. 수정 보완하여 더 나은 책이 되도록 최선을 다하겠습니다.
성안당은 늘 독자 여러분들의 소중한 의견을 기다리고 있습니다. 좋은 의견을 보내주시는 분께는 성안당 쇼핑몰의 포인트(3,000포인트)를 적립해 드립니다.
잘못 만들어진 책이나 부록 등이 파손된 경우에는 교환해 드립니다.

뮤지컬에 발을 들여놓은 지 어언 30년이 지났다. 19살, 깡마르고 가진 것 없었던 학생은 그저 배우가 되고 싶은 열정밖에 없었기에 무작정 극단 춘추에 찾아가 오디션을 봤다. 사실 집안도 넉넉지가 않아 무명 배우로 살아간다는 것이 현실적으로 어려운 상황이었지만 배우가 되기 위하여 모든 악조건을 감수하기로 다짐하였고, 결국 나는 배우가 되었다.

처음 주어진 배역은 '욕망이라는 이름의 전차'라는 연극에서 우편배달부 역할이었다. 처음 맡은 배역이라 열심히 하려고 했지만 만족스럽지 못한 내 연기에 반응을 보이는 관객들의 호응이 신기하기만 했다. 그 이후 관객들과 함께 호흡하고 공감하는 연기를 한다는 것에서 희열감을 느끼기 시작했고, 그렇게 7년 동안 연기를 배우며 작은 단역부터 시작하여 주연으로 연기할 수 있는 기회도 얻었다. 연기를 본격적으로 할 수 있다는 것은 기분 좋은 일이었지만 항상 마음 속 한편으로는 뭔가 부족하다는 생각을 떨칠 수가 없었다. 갈급한 마음에 책을 읽기 시작했고, 많은 책을 보던 중에 훌륭한 배우가 되기 위해서는 공연에 필요한 모든 것들을 갖춰야 한다는 것, 특히 끊임없이 공부함으로써 자신의 능력을 향상시켜야 한다는 것을 깨달았다. 열정만으로 시작한 배우의 길이었지만 생각해보니 해야 할 공부가 너무 많았다. 느껴지는 건 마음의 무게뿐이었다. 어차피 열정 하나로 시작했던 배우의 길이 아니었던가. 나는 훌훌 털어버리고 하나씩 차근차근 시작하기로 했다.

연극을 하면서 느낀 것은 내 목소리가 생각보다 작다는 것이었다. 울림이 있고 또렷하면서 감동이 있는 그런 소리가 내게서 나오기를 바랐지만 현실 속의 나는 그렇지 못했다. 좋은 소리를 만들기 위해서라도, 노래를 잘 부르기 위해서라도 음악 공부가 필요하다는 것을 절실히 느끼고 성악 공부를 시작했다. 주변에 있는 성악 강사나 연이 닿는 교수님 등을 찾아다니며 공부했다. 그렇게 10년쯤 흘렀을까? 이번엔 무용도 배워야겠다는 생각이 들었다. 그래서 현대무용을 5년 동안 배웠다. 음악에 맞춰 몸을 움직이고 그 흐름에 따라 무엇인가를 몸으로 표현할 수 있다는 것은 새로운 발견이었다. 당시 무용이 너무 좋아서 무용 전공을 심각하게 고려하기도 했지만 서울 예술 대학 무용과 입시 면접을 보시던 교수님의 말씀을 듣고 생각을 바꾸게 되었다.

"자네는 졸업하면 전문 무용수보다는 뮤지컬 배우를 생각하고 있지 않나? 하지만 자네가 무용 전공으로 대학에 들어오게 되면 초등학교 때부터 무용을 해왔던 한 학생은 떨어지는 것을 뜻하네. 무용보다는 전문 뮤지컬 배우에게 필요한 발성이나 노래를 더 공부하는 것이 바람직한 것 같네."

당시 난 극단 춘추에서 나와 뮤지컬을 전문으로 하는 극단인 현대에 입단한 상태였고, 그 중 "지저스 크라이스트 슈퍼스타(Jesus Christ Superstar)"라는 공연에서 조연으로 활동하고 있었다. 연극 무대에서 활동하다가 뮤지컬 배우를 하게 되니 음악 공부를 꾸준히 해 왔어도 늘 부족함을 느꼈다. 결국 2년쯤 후에 이번에는 극단 연출가님께 말씀을 드렸다.

"저 음대에 가야겠습니다."

그렇게 당당하게 말한 후 현대를 그만뒀는데, 아이러니하게도 음대 시험 준비를 위한 돈이 필요했다. 어쩔 수 없이 돈을 벌기 위해 서울시립가무단에 시험을 보게 되었고 다행히 붙었다. 당시 서울시립가무단원이 되면 월급도 나오고 별정직 공무원이라 서울시장이 주는 격려금과 보너스도 받았다. 좋아하는 공연도 하고 돈도 쏠쏠하게 벌 수 있어 여차하면 여기에 발을 영원히 묻을 수도 있겠다는 생각이 들 정도였다. 1년 정도 흘렀을까? 시립가무단 생활에 익숙해지는 정신과 몸을 추슬러 본격적으로 입시 준비를 시작했다. 당시 내 나이 29살. 뒤늦은 입시준비에 주변 단원들이 놀리기 시작했다. "네가 어떻게 합격하겠느냐, 꿈도 꾸지 마라"라는 비아냥 섞인 말을 들었지만, 그럴수록 이를 악물고 연습했다.

'지붕 위의 바이올린'을 공연할 때가 가장 힘들었던 것 같다. 계속되는 연습과 공연 때문에 레슨 받을 시간이 턱없이 부족했고 선배들의 계속되는 공격과 핀잔으로 인해 마음이 피폐해져 갔다. 그래도 항상 힘들었던 일만 있었던 것은 아니다. 하늘같은 곽은태 선배가 하루는 말을 걸어왔다.

"너는 항상 열심히 하는 사람이다. 음악을 하고 싶어 하는 네 마음을 이해한다. 절대 굴하지 말고 꼭 합격해라. 힘내라"

그 말에 눈시울이 뜨거워졌고 나를 믿어주고 이해해 주는 이들이 있어 용기가 났다. 더 힘을 내어 아침, 점심, 쉬는 시간을 가리지 않고 틈만 나면 복도나 옥상에서 연습했다.

10년 만에 준비하는 학력고사였으니 쉬울 리가 없었다. 저녁에는 책과 문제집에 파묻혀 공부하다보니 코피가 멈출 날이 없었고, 연습을 너무 많이 해서 부르튼 입술이 나을 새가 없었다. 그렇게 나는 모든 역경을 이겨내고 30살이 되던 해 93학번으로 당당히 음대에 들어갔다.

　성악 공부는 순조로웠다. 전부터 꾸준히 발성과 호흡 연습을 해 두었기 때문이었을까? 아니면 진정 즐거움을 느끼면서 임해서일까? 기분이 좋고 두근거리는 마음에 잠도 안 올 정도로 음악 공부에 몰두하고 있을 때였다. 극단 현대에서 다시 연락이 왔다. '지저스 크라이스트 슈퍼스타' 공연을 할 예정인데 예전에 연기했던 역할을 맡아 다시 함께 해주길 원한다는 이야기였다. 물론 난 승낙했다. 한껏 성장했을 내 노래도 기대가 되었다. 함께 공연하는 사람들은 쟁쟁한 연기자들이었다. 이윤택 선생님 연출에 강산애, 조하문, 윤복희, 박상원, 유인촌 그리고 나였다. 모두 뛰어난 연기자이며 유명인이었지만 내가 선택된 이유는 성악을 전문으로 공부하고 있었던 연기자였기 때문이다. 당시 호주에서 보이스 캐스팅을 위해 내한했던 담당자가 내 노래를 들어보고는 '바로 이 사람이 내가 찾던 사람이다.'라고 칭찬을 하기도 했다. 나중에 알고 보니 기존에 '지저스 크라이스트 슈퍼스타'를 연기 했던 사람 중 유일하게 다시 캐스팅 된 것이었다.

　본격적인 공연이 시작되자, 전문 발성을 기반으로 한 내 노래는 더욱 빛을 발했다. 이전에는 잘 모르고 소리만 냈다면 이제는 호흡을 실어서 정확한 음정과 더욱 풍부한 음색으로 내가 맡은 역을 훌륭하게 소화해 낼 수 있었다.

첫 공연을 마치고 커튼콜을 할 때, 내가 막내였기에 가장 처음으로 인사를 하러 무대로 나가는데 세종문화회관이 떠나갈 듯 우레와 같은 박수소리에 깜짝 놀랐다. 당시 세종문화회관의 좌석은 일어서면 의자가 접히는 접이식 의자였는데 모두가 기립박수를 치는 바람에 박수와 의자가 접히는 소리가 어우러져 이루 말할 수 없는 웅장한 소리가 났다. 머리끝부터 발바닥까지 짜릿짜릿한 희열을 느꼈다. 당시 공연은 대성공을 거두었고 11번 공연 모두 전 좌석 매진을 달성하면서 최고의 공연으로 인정을 받았다. 앞좌석에서 공연을 보셨던 앙드레김 선생님이 박수 치시던 모습도 생각이 난다. 그 때 '뮤지컬 배우란, 이렇게 좋은 거구나!' 하는 생각을 새삼 다시 하게 되었다. 그때부터였을까? 뛰어난 뮤지컬 배우가 되고 싶다는 갈망이 마음 속 깊이 자리 잡게 되었다.

 한 차원 더 성장하기 위해 유학을 결심한 후 이태리에서 영국으로 또 다시 미국으로, 졸업도 하고 혼자 공부도 하면서 뮤지컬 공부를 제대로 하고 돌아왔다. 그 동안 한국은 많이 변화되어 있었다. 그 전까지는 맑고 고운 소리, 즉 그저 듣기에 예쁜 목소리로 노래 부르는 것을 요구했다면, 다시 만난 한국의 뮤지컬은 성악 발성을 기초로 한 전문 영역으로 확대되어 있었다. 내가 떠날 당시만 해도 성악보다는 정확한 발음을 위한 노래가 우선시 되었는데, 외국 뮤지컬들이 국내에서 공연되면서 흐름을 바꿔놓았던 것이다. 전문 뮤지컬 발성에 대해 사람들이 주목하고 관련 공부를 하고 있었다.

 돌아보니 뮤지컬 배우로 30년이다. 30년 동안 뮤지컬 배우로서 쉬지 않고 공부를 해 온 것이다. 그동안 국내외 무대에서 활동하면서 말할 수 없이 많은 것들을 경험했고, 뮤지컬 배우에 대한 나만의 정립된 생각에 대해 많은 이들이 관심을 갖고 궁금한 것들을 물어오기 시작했다. 그때는 단순히 이렇게 생각했다.

"이론적으로든 현장 경험이든 공부한 것을 나누고 싶다."

그렇게 마음이 가는 길을 무작정 가다 보니 생각보다 더 많은 것을 보고 알아가고 있었다. 하고 싶은 일들이 하나 둘씩 늘어나면서 소유하기보다 내어줄수록 행복해 진다는 말을 새삼 느끼게 되었다. 이제는 내가 알고 배웠던 것들을 뮤지컬 배우로 성장하고자 하는 사람들에게 나눠주고 싶다는 생각이 들었다.

그런 마음으로 시작한 강의에서 느낀 것은 어린 학생들을 가르치면서 내가 배운다는 것이었다. 학생들에게 뮤지컬 발성법을 설명하기 위해 역사, 이론, 그리고 경험과 연구 결과들을 공유하는 수업과정에서 학생들의 역량도 늘었겠지만 나 역시 심기일전하고 더 나아가 견고해지는 기회를 얻었다.

이 책에는 30년이라는 시간 동안 쌓아온 발성에 관한 경험과 방법들, 약 5년 동안 예술고등학교 학생들과 연구하며 찾아낸 보다 쉽고 확실한 방법들이 담겨있다. 그 외에도 전문적인 성악 전공, 뮤지컬 전공, 연기 전공 학생들과도 뮤지컬 발성법에 대해 함께 연구하여 현대에 적합한 뮤지컬 발성법을 찾았다.

뮤지컬 배우를 꿈꾸는 학생 및 일반인들도 쉽게 이해할 수 있도록 집필하는데 온 힘을 기울였으나, 10년 이상 이어진 외국생활로 인해 원하는 바를 충분히 글로 표현하지 못하였을까 걱정이 되기도 하지만 부족한 점이 발견되더라도 독자들의 양해를 부탁드린다.

이 장을 빌어 필자가 글을 쓸 수 있는 밑거름이 되어주신 분들에게 고마운 마음을 전하고 싶다. 배우에서 성악 공부를 시작할 때 아낌없는 격려를 주셨던 김의경 전 연극협회 이사장님, 성악적 발성과 음악의 깊이를 알려주신 소프라노 남덕순 교수님, 연극배우에서 무용수로 이제는 뮤지컬 배우와 교육자로 거듭나기까지 이렇게 나이든 제자를 챙겨주시는 배혜령 교수님, 무대 음향에 조언을 주신 임창주 교수님, 발성CD 녹음에 조언과 격려로 좋은 음반을 만들어주신 김승기 교수님, 연기에 조언을 주시는 드라마 임꺽정의 주인공 정흥채님과 연출가 신철우 선생님이 없었더라면 지금의 나는 없었을 것이라고 고백한다. 이 분들의 아낌없는 수고와 도움 덕분에 지금의 내가 있다고 주저 없이 말할 수 있다. 나 역시 후배들에게 그런 존재가 되어 이 분들에게 받은 그 사랑에 보답하고 싶다.

또한 원고 집필에 도움을 준 김기쁨 기자, 그녀의 황소 같은 밀어 붙임이 없었다면 도저히 제때 이 책을 낼 수 없었을 거라고 생각한다.

더불어 나의 책 출판을 도와주신 성안당 이종춘 대표, 출판을 기대하며 후원해준 노팅힐 멤버와 제자들에게도 감사한 마음을 전한다.

마지막으로 이 뮤지컬 발성법을 통해 많은 사람들이 뮤지컬 발성에 대해 올바르게 이해하고 훈련하여 자신의 기량을 마음대로 펼칠 수 있게 되기를 소망한다.

저자 박용열

# 뮤지컬 감동의 비밀

극작가 김의경

　근래에 들어 뮤지컬이 폭발적으로 전 국민적인 관심을 받고는 있지만 뮤지컬 배우들을 양성할 전반적인 교육기관이나 교재가 부족한 게 현실이다. 이 책의 저자는 젊어서 극단 춘추에서 연기생활을 시작했고 이탈리아 유학 전·후에는 극단 현대에서 많은 뮤지컬 무대에 섰다. 말하자면 저자는 뮤지컬의 이론과 경험을 두루 갖춘 재능인이라 하겠다.

　〈뮤지컬을 위한 무대 발성법〉은 이러한 저자의 실용적이면서도 기본에 충실한 발성법을 담고 있어 뮤지컬 무대를 꿈꾸는 후학들에게 귀중한 교재가 될 것으로 믿어진다. 올바른 발성을 위한 자세와 소리의 경로를 세밀하게 그린 해부도를 통해 뮤지컬 발성을 체계적이면서도 효율적으로 익힐 수 있도록 하였고, 뮤지컬 배우가 꼭 알아야 할 실천적 지식을 폭넓게 담고 있다.

　서양연극의 기원을 보통 고대희랍시대로 보는데, 그 2천 5백 년 동안 수없이 많은 종류의 연극들이 만들어졌고, 지구에 사는 수없이 많은 민족들이 자신들의 연극을 창조하였다. 현대적 의미에서의 뮤지컬은 1920년대에 미국에서 성행하기 시작한 뮤지컬 코미디(Musical Comedy)를 의미한다. 유럽에서는 저들의 오페라 전통을 이어받아 음악극(Music Theatre)을 발전시켜 왔음은 주지의 사실이다. 중국의 경극(京劇)은 19세기 후반에 그들의 음악극적 자산을 총합적으로 빚어내어 지금까지 명맥을 자랑하고 있다. 한국 역시 〈판소리〉라는 독특한 음악극을 창조해 내었다. 세계의 음악극은 그만큼 다양하다 할 것이다.

오늘날 우리가 자주 보고 즐기는 뮤지컬은 미국의 뮤지컬에서 발단(發端)을 보지만, 최근 한국의 극장에서 보는 "한국적 창의"는 결코 모방에서 그칠 수만은 없을 것이라는 기대를 하게 한다. 예술적 재능이 빛나는 공연들이 속속 나타나고, 이 책과 같은 창의적 저서가 계속해서 출간되고 있는 것이 그 증거다.

나에게 연극이 무엇이냐 묻는다면 "그것은 인간을 발견하는 감동"이라 하겠다. "뮤지컬은 연기와 무용과 기예와 음악을 통하여 우리들을 감동시키는 창조적 도구"이다.

그 감동을 어떻게 창조할 것인가? 그 비밀이 이 책에서 발견되기를 나는 기대한다.

**목차**

# 목차

**1장**

# 뮤지컬 발성

# 1장. 뮤지컬 발성

 **1. 뮤지컬 발성이란**

뮤지컬은 연기, 노래, 무용이 어우러진 공연 양식의 한 형태로, 세부적인 분류인 뮤지컬 시어터(musical theater)의 약어이다. 뮤지컬 플레이(musical play), 뮤지컬 코미디(musical comedy), 뮤지컬 리뷰(musical review)를 총칭하는 말로도 사용되는데, 기원적으로는 오페라(opera)의 시조로 태동한 오페레타(operetta)와 오페라부파(opera buffa) 등이 19세기 후반에 미국인의 기호에 맞춰 대중문화로 발전하면서 대사극과 극적인 가창, 무용이 가미되었다. 때문에 오페라와 뮤지컬이 서로 구별되지만 발성의 시작에 있어서는 오페라와 기원을 함께 한다고 봐야 한다. 따라서 뮤지컬 발성이란 서양의 문화에 녹아있는 발성을 기초로 하면서, 표현에 있어서는 대중적인 기호에 맞춰 조금씩 발전된 것을 말한다. 여기서 쉽게 성악 발성을 떠올릴 수 있는데, 사실 무대에서 뮤지컬 연기자가 전달력과 호소력이 갖춰진 노래와 연기를 객석까지 잘 전달하기 위해 성악적 발성법을 기초로 한 발성 훈련은 뮤지컬 전문가들이 자주 언급하는 필수 요소이기도 하다. 다만, 성악 발성이 전부가 아니기에 뮤지컬 연기자를 지망하고 있거나 현재보다 향상된 역량을 원한다면 뮤지컬 발성이 어떻게 다른지 구체적으로 알아야 한다.

기원적으로 살펴보면 오페라와 뮤지컬은 이야기에 음악을 가미한 종합예술이라는 점에서 일치하지만 좀 더 규칙적이고 엄격한 것이 오페라라면, 자유분방하고 장소에 크게 구애 받지 않고 어디에서나 할 수 있는 것이 뮤지컬이다. 그래서 사람들은 오페라보다 뮤지컬에 쉽게 접근한다. 그래서일까? 쉽게 뮤지컬 배우가 되고자 하는 사람들의 대부분은 단순히 노래와 연기를 잘하면 된다고 생각하고 있다는 점에서 아쉬운 마음이 든다.

공연예술은 방송을 통해 쉽게 볼 수 있는 노래와 연기와는 차원이 다르다. 물론 전문적인 훈련을 거듭하여 완성된 성악가만이 할 수 있는 오페라에 비해 뮤지컬은 연기, 무용, 노래 중 일부만을 잘하는 사람이 부족한 부분을 '개인적 훈련'을 통해 보완하여 뮤지컬 무대에 서는 것이 가능하다. 하지만 이 '개인적 훈련'이라는 점을 결코 얕봐서는 안 된다. 실제로 어느 정도 이름난 배우들에 있어서(이름을 거론하기는 어렵지만), 스스로 노력하는 훈련의 양은 상상 이상이라는 것을 밝혀 둔다.

특히 가장 기본적인 소리의 전달에 있어 함께 공연하는 배우와 소통하고 관객과의 절대적인 공감대를 형성해야 하는데, 전달하려는 소리가 작다면 정상적인 소통이 될 리가 없다. 게다가 진실하고 호소력 있는 소리를 내지 못한다면 관객의 공감을 얻기 어렵다. 나 역시 연극과 뮤지컬을 오가면서 직접 무대에 서보니 부족함을 깨닫게 되었다. 필요한 것들이 많음을 알게 되었고, 그 중에서도 발성의 영역은 매우 중요하고 기본 중에 기본이라는 것을 알게 되었다. 몸짓을 하더라도 호흡을 통해 드러나며, 연기로 대사를 전할 때에도 기본 발성이 작용한다. 노래를 할 때는 더욱 좋은 발성을 필요로 한다.

제대로 된 뮤지컬 발성을 익히게 되면 뮤지컬 배우로서의 기본적인 소양을 갖추게 되는데, 그 장점은 다음과 같다.

첫째로, 소리를 내는 기관인 목, 즉 성대를 쉬지 않게 만든다.

여느 직업보다 목을 많이 사용하는 이들이 뮤지컬 배우들이다. 노래로, 대사로 쉬지 않고 소리를 낸다. 수많은 연습과 작품을 통해서 소리를 내야 하는 직업에 있어 성대의 소중함은 절대적이다. 발성을 제대로 익히게 되면 정확한 사용법에 따라 신체구조를 사용하기 때문에 성대가 절대로 상하지 않는다.

두 번째로, 소리를 크게 만들어준다.

아무리 작은 소리를 가진 사람이라도 발성을 연습하다보면 자연스럽게 큰 소리를 갖게 된다. 뮤지컬 배우로서 작은 연기를 하더라도 목소리가 또렷하게 관객석 끝까지 전달되어야 한다. 사실 감정을 표현하다보면 소리가 작아지는 경우가 생긴다. 감정을 내다보니 온몸을 감정 표현하는데 집중하게 되어 소리 내는 기관을 사용하지 않기 때문이다. 그렇다고 해서 물리적으로 힘을 줘서 억지로 소리를 크게 내면 좋은 소리를 낼 수 없다. 좋은 소리로 크고 정확하게 표현하는 방법, 그 시작은 발성의 훈련이다. 노래를 부를 때 발성이 뒷받침 된다면 더욱 큰 소리로 자신감 있게 노래를 할 수 있다. 크게 울리는 소리는 뮤지컬 배우의 아주 기본적인 요건이다.

세 번째로, 감정 표현이 풍부해진다.

뮤지컬 배우가 연기를 하거나 노래를 할 때 가장 중요한 것은 표현이다. 극의 흐름과 내용에 관객들이 저도 모르게 감정이입이 될 수 있도록 이끌기 위해서는 한결같은 감정 표현이 이루어져야 한다. 더군다나 무대에서 표현할 때 진실한 소리나 신뢰감 있는 소리로 표현하면 더욱 호소력이 짙어지는 것이 사실이다. 배우가 뮤지컬 발성을 훈련하게 되면 연기나 노래가 한결 수월해지면서 감정 표현에 보다 집중할 수 있게 된다. 또한 노래를 부르거나 연기를 할 때도 동일한 소리로 표현할 수 있게 된다. 게다가 발성 훈련을 통해 저도 모르게 음폭이 넓어지기 때문에 보다 다양한 감정 표현을 할 수 있게 된다. 따라서 관객은 소리에 혼동이 없게 되고 풍부한 감정 표현에 자신도 모르게 이입되면서 좋은 연기를 보았다고 느낀다.

뮤지컬 배우에게 정확한 뮤지컬 발성을 통해 좋은 소리로 연기와 노래를 부르는 것은 두말할 나위 없이 필요한 능력이다. 하지만 발성은 수학공식처럼 단번에 대입해서 해결할 수 있는 문제가 아니기 때문데 머릿속으로 이해했다 하더라도 몸에 익숙해져서 자연스럽게 나오기까지는 충분한 시간이 필요하다. 따라서 몸에 배어 자연스럽게 발성할 수 있을 때까지 훈련을 해야 한다. 간혹 발성공부를 하는 사람들 중에 몇 주가 지나고 몇 달이 지나더라도 별다른 차이를 못 느끼겠다며 포기하는 경우가 있다. 하지만 사람마다 차이가 있기 때문에 단번에 이해를 해서 바로 표현이 가능한 사람이 있고, 이해를 했더라도 몸이 그것을 표현하는데 시간이 걸리는 사람이 있을 수 있는 것이다. 중요한 것은 꾸준히 연습하다보면 몸이 스스로 발성법을 체득하고 실력을 쌓게 된다. 좋은 발성이 완성되기까지 나 역시 몇 년의 시간이 걸렸다. 단번에 되지 않거나 혹은 생각보다 오래 걸린다고 조급해 하지 마라. 그렇게 몸에 새겨진 것은 평생 잊을 수 없는 법이니까.

# 2. 뮤지컬 발성의 역사

뮤지컬 장르의 가장 큰 특징은 연극과 오페라, 무용, 그리고 화려한 쇼까지 모두 집약되어 있다는 것이다. 정극, 무용, 오페라의 일반적인 요소와 대중 가수의 콘서트와 같이 스케일이 크고 자유로운 다양성이 더해지기도 한다. 때로는 코믹함과 판타지아가 어우러져 빠른 속도의 에너지가 넘치는 열정적인 무대를 만들어 내기도 하고, 웅장함이 깃든 대규모의 무대 장식과 수십 명의 화음이 합쳐지는 클라이맥스를 연출하기도 한다. 넓은 의미로는 대중적인 음악극이며, 좁은 의미로는 오페라의 오페레타를 보다 발전시킨 드라마 같은 작품을 말한다.

초기의 뮤지컬은 코믹 오페라와 같이 가볍게 느껴지는 악극인 오페레타의 형식을 가지고 있었다. 영국에서는 뮤지컬 코미디, 미국에서는 아메리칸 뮤지컬 등 조금씩 그 성향을 달리하는 이름들도 생겨났지만 현재는 뮤지컬이란 말로 통용되고 있다. 따라서 뮤지컬은 오페라 형식과 많은 부분이 비슷하다. 다만 오페라는 고전적인 문학 스토리를 중심으로 고전주의 음악에 근거하고 있는데, 연극성보다는 노래 위주의 공연으로 아리아, 중창, 합창 등으로 구성되어 있다는 차이가 있다. 오페라 창법은 훈련된 성악가를 중심으로 부르는 것이 특징이며 뮤지컬은 오페라 노래 형식이지만 보다 대중적이다. 초기 뮤지컬에는 오페라 가수들이 등용되면서 자연스럽게 성악적인 발성이 사용되었으며, 그 후에는 시대의 변화에 따라 발성 역시 변화해 왔는데 성악 발성을 기초로 한 발음을 정확하게 표현하는 발성이 그것이다. 그럼 먼저 뮤지컬의 역사를 살펴보도록 하자.


## (1) 뮤지컬의 탄생과 발전

현대 예술의 극치 뮤지컬의 태동은 일순간에 이뤄진 것은 아니다. 시대를 거슬러 올라가보면 오페레타와 오페라 부파가 나오는데 작품이라는 이름이 붙여진 오페라가 있었고, 그 전에는 메디치가 있었으며, 그 이전에는 중세의 교회 음악이 있었다. 이렇게 파고 들다보면 인류 본연의 노래를 부르는 본능에 도착하게 된다. 인류의 시작인 말과 문자가 생기기 전부터 인간은 본능적으로 자연계에서 소리를 듣고 노래를 만들었다. 속이 빈 물체를 두들기거나 막대기를 흔들고 나무나 돌조각을 맞부딪쳐 소리를 내면서 제사 의식에 주술적인 의미로 이용하기도 했다.

문명의 발달로 이집트, 유대, 메소포타미아, 고대 그리스 문화가 발생했으며 음악적인 밑바탕이 된 고대 그리스 문명은 페르시아, 인도, 중국 문화에 영향을 주었다.

신화의 나라 고대 그리스에서는 뮤지크 여신과 음악적 표현을 관능적, 정서적, 주관적, 낭만적으로 표현하는 절반은 신이면서 절반은 인간이었던 아폴로 신과 감상적인 열정을 표현했던 디오니소스신 등이 음악적 바탕이 되었다. 이때 연극이 예술로 자리를 잡으며 점차 음악과 무용이 함께 어우러지는 장르로 발전하게 되었다. 이 당시 연극은 극중 인물 한사람이 얼굴에 가면을 바꿔가며 여러 역할을 소화해 내었는데, 마이크가 없던 시절이라 마스크의 울림으로 목소리의 볼륨을 조절해야 했다. 이것이 중세 이후 세속음악이 만들어지면서 마스케라(mascchera)라는 발성으로 불리기 시작했다.

고대 그리스 음악을 이어받은 고대 로마는 순정조 이론을 바탕으로 관악기를 발명하여 군사적 목적으로 사용하였으며, 그리스의 연극을 이어받은 로마는 슬픔과 고통의 모습으로 끝나는 비극보다는 재미있고 해학적인 희극을 선호하면서 배경 음악을 중요하게 사용하기 시작했다. 그 후 중세의 그레고리 13세 교황의 명에 의해 그레고리 성가가 만들어지면서 종교극이나 음악극으로 발전해 나갔다. 구이도다레죠(Guido D'Arezzo)는 도, 레, 미 창법과 기보법의 연구로 작곡과 화성연구를 통해 근대조성이론을 형성했으며, 고딕음악에서 세속음악으로 변화하는 시기를 통해 교회의 구속을 받기 보다는 대중적으로 퍼져나가기 시작했다. 그러면서 연주음악보다는 성악으로 많은 관심을 가지게 되었고, 역시 비극보다는 희극을 중심으로 발전하기 시작했다.

16세기에 접어들면서 피렌체의 메디치가의 등장은 공연문화에 '작품'이란 말을 만들었다. 문화와 예술가들에게 아낌없는 후원을 베풀며 르네상스를 부흥시켰던 메디치가의 마리아 공주와 프랑스의 앙리 4세의 결혼을 축하하기 위해 그리스 비극 중 음악극인 오페라 '에우리디체'가 처음 피렌체에 올려졌다. 오페라에 출연하는 인물들에게는 각자 노래를 부르는 멜로디와 파트가 주어졌으며 저마다 배역에 따라 소망, 행복, 절망 등을 서정적으로 표현했다. 특히 극중에 혼자 노래하는 것을 아리아(aria)라고 부르고, 하고 픈 얘기를 말, 즉 대사를 노래로 엮는 것을 레치타티보(recitativo)라고 부르기 시작했다. 잡다한 이야기를 레치타티보로 처리하고 이어서 멜로디가 있는 2중창이나 4중창과 앙상블에 의해 더 풍부하게 표현되었다.

오페라가 발달함에 따라 성악가들은 더욱 좋은 목소리를 만들기 위해 훈련했고, 그로 인해 많은 성악가들이 양성되었다. 발성 기술은 점점 발달했고, 이 중 아름다운 가창 기술로 발전한 것이 바로 벨칸토 발성이다. 물론 노래, 연기와 함께 무용은 클래식 발레를 접목하여 지배계층이나 상류계층의 전유물로 만들어져 일반 대중과는 다소 거리가 있었다. 이후 영국에서의 산업혁명과 프랑스의 시민혁명으로 시민계급이 형성되고 도시의 발달 및 정치적 민주화로 대중들이 원하는 오페라의 극형식이 자연스럽게 바뀌게 되면서 뮤지컬의 장르가 탄생하게 되었다. 그 장르가 오페라보다 무겁지 않고 가벼운 소재와 무게를 가진 오페레타와 오페라 부파, 오페라 코미디이다. 엄숙하고 딱딱한 헨델이나 바로크 시대 음악과는 달리 서민적이고 애환, 사랑 등의 소재를 사용한 대중음악을 접목하거나 방언이나 풍자 해학을 삽입했다.

학자들은 뮤지컬의 효시로 영국 식민지 시대인 1751년 미국에서 공연했던 발라드 오페라인 '거지 오페라(The Beggar's Opera)'를 말한다. 혹자는 1866년 '흉악한 사기꾼(The Black Crook)'을 뮤지컬의 효시로 생각하기도 한다. 하지만 초기의 뮤지컬은 많은 대중으로부터 큰 호응을 얻지는 못했다.

그러던 중 제1차 세계대전이 일어나고 이어진 세계적인 대공황으로 인해 정서적으로 깊은 상처를 갖게 된 대중들은 아무 생각 없이 웃을 수 있고 보다 유희적인 문화를 갈망하게 되었다. 이때 인기 있었던 공연이 바로 '사운드 오브 뮤직(The Sound of Music)'이다. 그러다가 1960년대와 1970년대에 전환점을 갖게 된다. 2차 대전 이후 미국의 뮤지컬은 '아가씨와 건달들(Guys and Dolls)', '왕과나(The King and I)', '헤어(Hair)', '에비타(Evita)', '42번가(42nd Street)' 등 걸작 뮤지컬들이 대중을 사로잡으며 문화의 한 장르로 격상되었고 엄청난 상업적인 성공을 거두기도 했다.

1980년대 이후 런던 웨스트앤드를 중심으로 '레미제라블(Les Miserables)', '캣츠(Cats)', '미스 사이공(Miss Saigon)', '오페라의 유령(The Phantom of the Opera)' 등이 브로드웨이 뮤지컬과는 또 다른 뮤지컬로 지경을 넓혀 갔다.

1890년대 런던의 뮤지컬 코미디는 희극적이며 낭만적인 내용과 재미있고 외우기 쉬운 노래인 캐치송, 그리고 무용으로 구성되었다. 초기의 영국 뮤지컬은 시작되는 각 막마다 오프닝 코러스를 기본으로 약 20여개의 악곡으로 구성된 2막 구조로 되어 있었다. 막과 막 사이의 피날레, 독창과 중창, 그리고 소곡과 한 구절까지도 오페라의 기초 양식을 띄고 있으며, 현대 뮤지컬도 이러한 양식에서 크게 벗어나지는 않는다. 다만 현대 음악 양식이 다양해지면서 뮤지컬 음악의 구성도 자유롭고 다양하게 발전했을 뿐이다. 현대의 뮤지컬은 복고적인 주제, 오페라 가수를 능가하는 뮤지컬 전문 연기자의 가창력과 연기, 첨단 시설을 이용한 스펙터클한 무대 양식, 이를 뒷받침해주는 기획사의 제작 능력 등이 함께 어우러져 전 세계를 감동시키며 황금기를 보내고 있다.

Les Misérables

CATS

MISS Saigon

The PHANTOM of the OPERA

Musical

## (2) 뮤지컬의 구성 요소

- 서곡(overture) : 극이 시작되기 전 분위기를 조성하고 감정을 정돈케 하는 역할을 수행하는 오케스트라 연주를 말한다.

- 오프닝 넘버(opening number) : 오프닝 코러스(opening chorus)라고도 말한다. 서곡이 끝난 후 연주되는 곡을 말하거나 코러스 합창을 뜻한다. 주로 관객의 관심을 집중시켜 극의 상황설명과 분위기를 형성하는 역할로 힘차고 활력 있는 것이 특징이다.

- 제시(exposition) : 앞으로 진행될 극 중 상황이 나타나기 전 배경을 설명해 주는 것이다. 뮤지컬에서는 주로 노래를 통해 전달하며 정확한 가사 전달과 또렷한 발음을 요구하는 부분이다.

- 프로덕션 넘버(production number) : 1막의 중간과 1막의 끝에 나오는 곡이다. 2막의 첫 부분에 두기도 하며 한 작품에 2회 정도 진행되는데, 뮤지컬의 모든 요소들이 한꺼번에 동원되는 부분으로 화려하고 대담한 것이 특징이다. 이 부분을 뮤지컬의 하이라이트라고도 부른다.

- 반복 연주(reprise) : 중요한 극적 순간에 앞 노래가 다시 연주되는 것을 말한다. 하지만 같은 선율이 되풀이되는 것이 아닌 대부분 변주로 구성되어 있으며, 극적 상황이 변한 것을 암시하는 연주로 작품의 특징을 고스란히 나타낸다.

- 쇼 스토퍼(show stopper) : 뮤지컬에서 유머러스한 노래나 연기를 삽입시켜 상황 전환이나 분위기를 바꾸는 역할을 한다. 이때 관객의 박수나 환호로 인해 극이 사실상 끊어지기도 한다.

- 아리아(aria) : 아리아는 뮤지컬의 백미라고 할 수 있다. 대부분 남녀 주인공의 사랑의 기쁨이나 비극, 작품의 주제를 담고 있는 클라이맥스를 말하며, 대부분 이중

창으로 구성되어 있다. 사실 이 자체로도 완전한 공연을 뜻하며, 오페라의 아리아와 동일하다.

- **커튼콜**(curtain call) : 공연이 모두 끝난 후 출연 배우들이 관객들의 박수에 응답하여 무대로 다시 나오는 것을 말한다. 극중의 중요 멜로디나 아리아 합창곡 등을 편집하여 짤막하게 보여주기도 한다.

## (3) 뮤지컬의 발전과 함께 성장한 뮤지컬 발성

이미 말했듯이 뮤지컬의 기원은 오페레타이며, 발성 역시 동일하다. 초기 뮤지컬의 발성에 오페라 발성이 사용된 사실은 수많은 뮤지컬 노래들의 발성적인 위치나 역할마다 요구되는 음성의 빛깔에서 찾아볼 수 있는데, 이것은 음반이나 문헌을 통해서도 확인할 수 있는 사실이다. 여전히 현대의 뮤지컬 노래는 오페라의 구성 요소와 비슷하며 뮤지컬에서 노래는 너무나 중요한 요소이다. 유명한 뮤지컬 배우가 가창력이 부족하다는 말은 못 들어봤을 것이다. 연기 역시 좋은 호흡과 발성을 근간으로 해야 좋은 소리를 낼 수 있다.

지금까지 공연된 뮤지컬 작품 중 흥겨운 노래와 음악, 젊은 배우들의 힘과 정열이 담긴 안무가 화려하게 앙상블 된 작품들이 관객의 사랑을 받아왔다. 미국의 초기 뮤지컬 중 하나인 '코러스 라인(A Chorus Line)'이 대표적으로, 이 공연을 통해 개인적인 음악적 역량과 훌륭한 앙상블이 흥행의 필수 조건임이 부각되었다.

초기에는 한 작곡가나 작가들이 직접 연출과 출연을 병행하기도 했지만, 1900년대에 수많은 뮤지컬 작품들이 흥행하면서 각 세부 영역들에 대한 전문성 미흡 문제가 대두되었기 때문에 점차 전문 작곡가나 극본 및 작사가로 나누어 작업을 하게 되었고, 무용도 전문적인 안무가를 두어 진행하고, 연출이나 음악감독의 역할 등으로 세분화 되어 발전하기 시작했다. 그러면서 이른바 뮤지컬 황금기를 맞이하게 된다. 분야별로 초점을 맞춰 독특한 뮤지컬 공연들이 만들어졌는데 연극적인 면을 강조한 작품으로는 '아가씨와 건달들(Guys and Dolls)', 무용적인 요소가 강한 '코러스 라인(A Chorus Line)'과 '캣츠(Cats)', 오페라적인 성향이 돋보이는 '오페라의 유령(The Phantom of the Opera)' 등 특색 있는 작품들이 만들어지면서 그에 따른 발성법도 연구되었다. 중세 이후에 개발된 '칸토룸(cantorum)' 수도사들의 성악 발성 연구와 얼굴의 근육과 공명통을 이용한 마스케라(mascchera) 발성법, 호흡을 이용한 횡격막의 떨림과 공명공동을 통해 아름다운 소리를 내는 벨칸토 발성법 등이 뮤지컬 발성에 사용되었다.

초기 뮤지컬이 오페레타에 영향을 받았던 것처럼 수많은 작곡가와 음악 감독들은 성악적 발성을 기반으로 발음과 소리를 잘 전달할 수 있는 있는 방법들을 고민하기 시작했다. 그것이 시대와 극적인 요소에 맞게 변천되면서 쉬운 발성법과 정확한 표현을 위한 발음적 부분이 보완된 발성으로 발전했으며, 그렇게 완성된 것이 바로 뮤지컬 발성이다. 뮤지컬 발성은 성악적 발성을 기반으로 배에서 시작된 호흡이 경구개를 통해 전두엽, 상악동, 비강을 울려 미간을 중심으로 나오는 소리를 말한다. 이것은 소리의 포인트가 앞에 있고, 턱과 혀로 정확한 발음을 하는 데에 유용하며, 또렷한 표현을 하면서도 울림이 있는 큰 소리가 특징이다. 뮤지컬 배우를 꿈꾸고 있다면 뮤지컬 발성 훈련이 무엇보다 필요함을 알아야 한다.

특히 뮤지컬의 중요 요소 중 가장 중요한 것을 꼽으라면 바로 음악이다. 극의 형식이나 내용이 수많은 사람들에게 재창조되어 다른 세계로 인도할 수 있지만 정작 뮤지컬이 종료되면 오랫동안 기억에 남는 것은 노래이다. 극본이나 연출, 디자인 등에 관심이 있다면 다른 연극이나 장르들을 통해 얼마든지 다시 찾을 수 있지만 뮤지컬은 노래와 분리해서 생각할 수 없기 때문에 뮤지컬 연기자가 가장 잘해야 하는 부분이 바로 '노래'가 되는 것이다. 올바른 발성과 테크닉이 몸에 완전히 배어 이를 자유자재로 사용할 수 있다면 풍부한 감정이 우러나오는 노래를 부르게 된다. 이런 노래는 관객들의 마음을 열어 극에 공감하게 만들며, 오랫동안 간직하고 기억한다. 이것은 노래가 가진 힘으로 그

어느 것보다 순수함이 함께 하기 때문이다. 극에서는 대사를 다른 생각으로 전하고 거 짓말을 구사할 수 있지만 노래만큼은 진실한 마음이 드러난다. 따라서 사랑받는 뮤지컬 배우가 되고 싶다면 정확한 뮤지컬 발성을 기반으로 진실한 마음이 전달될 수 있는 노 래와 연기를 할 수 있어야 한다. 그렇기 때문에 배우에게 있어 뮤지컬 발성은 기초 중에 가장 기초가 되는 역량이다.

# 3. 국내 뮤지컬 발성의 변천사

우리나라에서 뮤지컬과 유사 형태의 극 양식을 선보이기 시작한 것은 1930년대 악극의 등장을 통해서이다. 악극은 경음악이 추가되고 무용이 곁들어진 극으로, 서구 음악극을 모방하는 것에서 시작되었다. 초창기 악극은 연극의 막간 여흥을 위해 파생되었는데, 공연 도중 막간을 이용하여 변사(무성영화 시대에 스크린에 펼쳐지는 극의 스토리를 관객들에게 읽어주는 사람)나 어릿광대 같은 배우들이 짤막한 코미디 및 만담, 가요, 숨은 장기 등을 보여주는 막간극으로 시작되었다. 그런데 그것이 관객들에게 호응을 얻자 하나의 대중 공연 예술 장르로 자리 잡게 된다. 노래, 춤, 코미디 등이 연결되지 않고 나열되기만 했던 종래의 형태를 벗어나 일관된 줄거리를 갖추면서 가극이라고도 불렸다. 해방 이후 연극시장, 태양극장, 협동무대, 낙랑좌 등 전문 극단에 의해 더욱 발전하면서 전성기를 누렸으나, 1950년대 중반 이후 악극배우들이 영화나 TV로 옮겨가면서 잠시 소강상태를 맞기도 하였다.

1990년대에 이르러 〈번지없는 주막〉(1993), 〈홍도야 울지마라〉(1994), 〈굳세어라 금순아〉(1995), 〈이수일과 심순애〉(1997), 〈눈물젖은 두만강〉(1998), 〈비 내리는 고모령〉(2000) 등이 공연되고, 유료 관객 90% 이상을 기록하는 등 '악극 열풍'을 만들어갔다. 악극의 인기 배경에는 매우 불안정했던 그 이전 시대의 한이 짙게 담긴 향수어린 옛 노래와 방송사의 홍보, 관객의 공감을 쉽게 불러 모으는 멜로드라마 형식 등으로 볼 수 있다. 그러나 식민지 시절 혹은 전쟁의 아픔 등을 매개로 한 내용으로는 한계가 있었고, 당대의 현실과 정서를 담아야 한다는 비판이 생겨났다. 그러는 사이에 도입된 현대적인 대중극과 뮤지컬에 대한 고민들이 이어졌고, 한국적인 뮤지컬의 자리매김을 위한 노력들이 본격적으로 시작되었다.

그렇다고 해서 뮤지컬의 본격적인 도입을 1990년대로 보기는 어렵다. 1962년 연극형태의 음악극을 공연하던 예그린 악단이 창단되었기 때문이다. 전문 뮤지컬 공연의 시작을 이때로 보는 이들도 많은데, 예그린 악단은 본격적인 뮤지컬 공연은 물론 음악, 무용, 연극 등 각 분야의 전문인과 인기 배우들을 동원하여 관객들의 큰 호응을 받았다. 그 후 예그린 악단은 국립가무단(1976)을 거쳐 국립 예그린예술단(1977), 서울 시립가무단(현 서울 뮤지컬단)으로 이름을 바꾸면서 한국 뮤지컬계를 이끌고 있다.

예그린 악단과 더불어 우리나라 뮤지컬의 현대화에 힘을 쏟은 공연 단체는 바로 현대극장이다. 1977년부터 뮤지컬 공연에 정성을 기울인 현대극장은 주로 브로드웨이의 뮤지컬을 공연했다.

한편 발성적인 면으로 살펴보면 20년 전 본격적으로 뮤지컬을 만드는 대다수의 연출가나 제작관계자들이 성악적인 발성을 그다지 선호하지 않았다. 많은 이유들이 있었겠지만 가장 큰 이유는 감정이 없는 발성의 소리로만 노래를 표현한다는 것이었는데 알다시피 뮤지컬은 노래가 전부는 아니다. 음악, 극, 그리고 연기하는 배우, 무용, 음악에 사용되는 정경 등 모두가 강하게 결합되어 일체가 된다. 뮤지컬적인 요소를 모르는 상태에서 노래를 잘 부른다는 이유로 성악 전공자들이 많이 발탁되곤 했는데, 짧은 연습시간을 통해서 뮤지컬 연기자로 거듭나는 것은 쉬운 일이 아니었다. 사실 성악 전공자들이 준비되지 않은 상태에서 연기를 하게 되면 성악적인 테크닉으로 노래를 부르는 것 외에는 할 수 있는 것이 없었기 때문에 이에 실망한 음악감독들과 제작자들은 연기를 전공한 연기자로 뮤지컬 무대를 만들었다. 한동안 그렇게 유지되는 것 같았지만 2001년 4대 뮤지컬 중 최고라고 일컬어지는 '오페라의 유령(phantom of the opera)'을 한국에서 라이선스 공연을 하게 되면서 한국 뮤지컬 시장을 변화시켰다. 당시 해외 라이선스 뮤지컬을 제대로 보려면 비행기를 타고 해외로 나가야 했던 시절이었다. 혹자는 '오페라의 유령'이 한국 땅을 밟기 전까지 국내 뮤지컬 시장 규모는 동네 구멍가게 정도라고 평가했을 정도였기에 그만큼 대성공을 거뒀던 공연이었다. '오페라의 유령'의 성공 이후 국내 뮤지컬 시장은 비약적으로 성장해 왔다고 해도 과언이 아닐 정도로 말이다.

'오페라의 유령'의 등장은 공연계 전반적으로 이슈였지만 배우들 사이에서도 상당한 이슈가 되었는데, 당시 작품에 출연할 배우들의 오디션을 위해 현지 제작진이 직접 내한 하였다. 그들은 크게 인식하지 못했겠지만 결과적으로 한국의 뮤지컬 발성에 있어 큰 변화를 일으키게 되었다. 오디션에서 반드시 될 거라고 예상한 국내 유명 배우들이 모두 떨어진 것이었다. 유수의 배우들을 제치고 오디션에 합격한 주요 배역들은 모두 성악을 전공한, 그것도 신인들이었다는 것은 뮤지컬 배우들에게는 엄청난 충격이었다. 국내 배우들의 연기나 무용은 좋았지만 노래 역량이나 소리의 파워가 성악적 발성을 기초로 한 이들보다 부족하다는 것을 뮤지컬 본고장에서 온 그들이 모를 리 없었다. 특히 대사 없이 음악만으로 이루어진 오페레타 형식을 취한 이 뮤지컬에는 성악적 발성이 절대적이었다. 비하인드 스토리로 라울역을 맡았던 류정환씨는 성악을 전공했던 사람으로, 그의 성악적 발성이 국내 뮤지컬 제작사들에게 외면 받자 크게 절망하고 말았다. 국내 무대를 포기하는 심정으로 유학의 길에 올랐는데 오히려 현지에서 인정받아 직접 캐스팅 된 후 국내로 돌아온 사례이기도 하다.

그제서야 성악적인 발성을 기초로 발음적인 요소를 보안한 뮤지컬만의 특별한 발성에 대해 사람들이 주목하기 시작했다. 당시 많은 뮤지컬 배우들은 발성을 제대로 배우기 위해 성악을 공부하거나 유학의 길에 들어서기 시작했다.

여기서 잠깐 성악과 뮤지컬 발성을 비교해 보도록 하자. 먼저 성악에서의 발성 포인트는 연구개를 확장하여 울림을 만들어 내는 것에 집중하면서 소리의 이동이 연구개를 통해 전두엽으로 나와 머리의 정수리를 거쳐 반원형을 그리며 앞으로 나오는 소리이다. 하지만 모음 위주로 노래를 부르기 때문에 발음이 부정확하며, 대중목욕탕에서 울리는 소리 같았다. 이 때문에 국내 뮤지컬에서 성악적인 발성을 그다지 좋아하지 않았다. 하지만 뮤지컬 발성은 성악적 발성을 기초로 경구개를 통해 전두엽, 상악동, 비강을 울려주면 미간을 중심으로 소리가 만들어지므로 소리의 포인트가 앞에 있고, 턱과 혀로 정확한 발음을 하는 데에 유용하다. 다시 말해 무대에서 대사를 전달하는 것이 중요하듯 노래 가사를 정확하게 전달하기 위해서는 뮤지컬 발성이 필요하다. 거기에 성악적 발성을 기초로 하기 때문에 아름답고 윤기 있는 소리를 낼 수 있다.

　무엇보다 훌륭한 뮤지컬 배우로 거듭나기 위해서는 뮤지컬에 필요한 요소들을 가지고 있어야 한다. 먼저 말했듯이 뮤지컬은 종합예술로 연기자는 그에 따른 노래, 무용, 연기력을 고루 갖춰야 한다. 성악적인 발성을 근간으로 한 뮤지컬 발성을 훈련하여 가장 중요한 노래와 발음, 그리고 연기를 준비해야 한다. 무용은 고전적으로 내려오는 발레를 기본으로 한 현대무용을 익혀야 하고, 여기에 탭댄스나 재즈발레 등을 다양하게 익힐수록 좋다. 모든 무대에서 표현되어야 하는 연기는 감정과 호흡의 테크닉을 필요로 한다. 공연이 시작되면 끝나는 시간까지 호흡을 놓쳐서는 안 된다. 발성을 공부하면서 자연스럽게 발성적 호흡에 대해 익히게 되지만, 그 외에도 연기자에게 필요한 호흡에 대해서는 꾸준한 연구와 훈련이 필요하다.

## 2장

# 발성의 기초

# 2장. 발성의 기초

## 1. 호흡과 발성

나는 학생들에게 노래를 가르칠 때, 노래 부르기를 바로 시작하지는 않는다. 약 4주 정도의 발성 연습 시간과 그 결과로 어느 정도의 좋은 소리가 만들어졌다고 판단됐을 때 그 학생의 음역대와 목소리 톤, 개성 등에 따라 적절한 노래를 선곡한 후 그 노래를 완성할 때까지 연습시킨다. 그 이후에는 점차적으로 고난도의 노래를 선곡하여 완성에 다다르기까지 연습시킨다.

먼저 발성이란 글자 그대로 소리를 내는 방법으로 좋은 발성은 좋은 소리를 내기 마련이다. 많은 사람들이 좋은 발성을 낼 수 있는 방법을 찾기 위해 다양한 연구를 거듭해 왔다. 그 결과 인간의 신체구조와 소리의 에너지 힘과 호흡을 효율적으로 이용할 수 있는 광범위한 원칙을 찾아냈다. 하지만 이것은 수학의 답이나 심는 대로 거두는 법칙처럼 이런저런 방법으로 어떤 음을 내고, 어떻게 하면 고음을 정확하게 낼 수 있는지 등의 객관적인 답은 없다. 같은 선생님의 제자라도 반드시 같은 소리를 내는 제자가 탄생하지 않듯이 사람의 신체와 자라온 환경, 음악적 감각에 따라 차이를 갖게 된다. 따라서 발성학을 응용학이라고도 부른다.

하지만 좋은 소리를 낼 수 있는 방법은 분명하게 있다. 과학적인 상식이지만 이 세상의 모든 움직이는 물체는 준비운동을 하게 되는데, 발성에도 준비운동이 필요하다. 악기를 한번 생각해 보자. 악기를 배울 때 악기의 구조를 파악하고 소리 내는 방법을 습득한 후 그 원리에 따라 소리를 내기 시작한다. 발성 역시 마찬가지로 좋은 발성을 위해서는 우리 신체가 지니고 있는 악기의 구조를 먼저 파악해야 하고 이를 다룰 줄 알아야 한다. 즉 성대를 중심으로 한 발성기관과 발성을 가능하게 하는 호흡기관의 구조를 이해하고 호흡과 발성을 효율적으로 활용하여 좋은 소리를 내는 방법부터 깨달아야 한다.


## (1) 발성적 호흡의 차이

인간은 태어날 때부터 자발적으로 호흡과 발성을 하면서 생활한다. 수십 년에 이르는 시간 동안 성장하면서 자신만의 소리 내는 방식이 몸에 배어 있다. 노래를 부를 때의 발성과 호흡은 일상생활과 같은 방식의 발성(**성대에 의존하고 무조건 힘을 줘서 소리 내는 방식**)이나 호흡과는 분명한 차이가 있다.

사실 겉으로 보기에는 일반적으로 발성하는 것과 노래 할 때의 발성에 필요한 호흡법은 그리 달라 보이지 않지만 같은 코로 숨을 쉬어도 일반 사람들과 발성을 제대로 하는 이들의 호흡은 다르다. 호흡을 크게 두 가지로 나눌 수 있는데, 가슴으로 보내는 흉식호흡과 배에서 숨을 쉬는 복식호흡이다. 흉식호흡은 먼저 말한 대로 유년기를 지나 성년이 되는 일반 사람들이 숨을 쉬는 호흡법이다. 반면, 복식호흡은 갓난아기부터 유년기가 되기까지 짧게는 0세부터 3살까지 호흡을 말한다. 우리 모두 어린 시절에는 복식호흡을 했었는데, 아이를 잘 관찰해 보면 어린아이가 의사표현을 위해 힘차게 계속 울더라도 목이 쉬는 일이 거의 없다는 것을 알 수 있다. 그것은 복식호흡으로 힘을 받아 울기 때문이다. 노래를 잘 부르고 싶다면, 이 복식호흡을 할 수 있어야 한다. 따라서 노래를 배우기 전, 좋은 발성을 위한 준비를 할 때 가장 먼저 호흡부터 다듬게 된다.

호흡은 쉽게 말하면 숨이 지나가는 길이다. 악기가 좋을수록 좋은 소리가 나듯이 우리 몸을 좋은 소리를 내는 악기로 만들어야 한다. 그렇다면 좋은 소리를 내기 위한 호흡은 어떤 것인지 알아보도록 하자.


## (2) 발성을 위한 호흡의 경로

올바른 발성을 위한 호흡은 코로 들이마신 숨을 머릿속 두개골을 거쳐 등줄기를 타고 내려가 허리에 있는 요근으로 보낸다. 이와 동시에 배꼽 밑 복근의 힘으로 숨을 튕겨 탄력적으로 가슴을 타고 올라와 후두기관을 지나 입 안의 경구개를 통과하여 코 위의 인중과 시선 밑 바로 미간 사이로 소리가 나가도록 하는 것이다. 복잡해 보이지만 이것은 숨쉬는 것처럼 순식간에 일어난다. 그럼 좀 더 상세히 그림과 함께 하나씩 짚어보도록 하자.

• 코로 숨을 들이마신 후 머리 두개골 안 연수가 흐른다는 느낌으로 등 뒤로 보낸다.
• 등으로 받은 숨은 등줄기를 타고 허리 밑까지 내려온다.
• 허리 밑에 있는 근육인 요근에 숨이 저장된다.
• 이 숨을 배꼽 밑 복근의 힘으로 약간의 탄성을 만들어 탄력적으로 가슴으로 올려 보낸다.
• 이때 후두기관은 편안한 상태에서 후두기관에 튜브 관이 있다는 느낌으로 숨을 주욱 올리는 것이다.

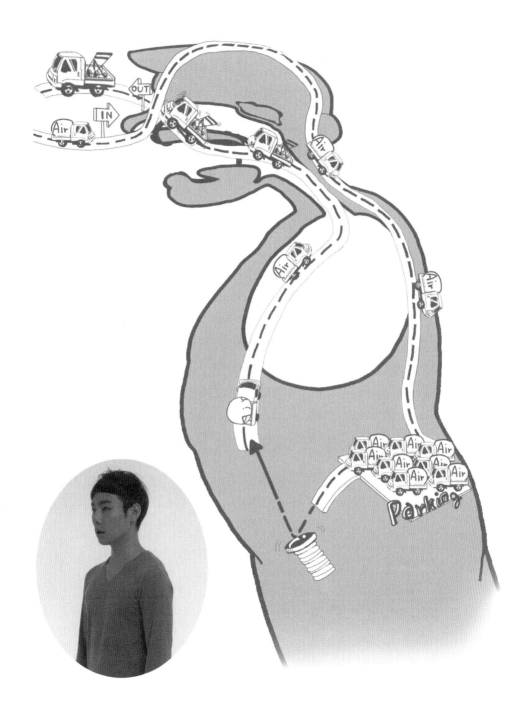

- 올라 온 숨은 바이브레이션을 만들어 내는 성대를 거쳐 입 안 경구개에서 공명을 형성한 후, 다시 비강의 부비강을 타고 위로 올려 보낸다.
- 그 상승작용을 받아 미간으로 소리를 모은 후 시선과 함께 소리를 내보낸다.


먼저 말한 대로 일반 사람이나 대다수의 대중음악 가수들은 가슴 흉식호흡을 사용하지만, 올바른 발성을 위한 호흡은 위에서 언급한대로 우리 몸의 기관을 두루 사용해야 한다는 것이고, 그것은 소리를 내는데 사용되는 몸의 신체구조를 바르게 이해하고 있어야 가능한 호흡이다.

또한 소리를 낼 때의 시선은 정면을 바라보게 되는데, 소리가 어디로 나가는지 집중해서 마치 보이는 것처럼 생각하고 보는 것이 아주 중요하다.

되도록이면 호흡을 길게 하는 것도 연습하자. 노래를 부를 때 짧은 시간 안에 숨을 쉬면서도 충분하게 숨을 채워야 하기 때문이다. 반쯤 채워진 상태로 소리를 내면 힘을 잃게 되고 음의 고저가 틀리기 쉽다. 또 숨을 쉴 때에는 공기를 코로 들이키는 것이 좋은데, 코는 공기를 따뜻하게 만들어 주기 때문에 입으로 마시는 것보다 좋다.

긴 호흡을 연습할 때에는 촛불을 이용하면 좋다. 밀폐된 공간에서 입을 최대한 크게 벌리고 목젖 뒤로 작은 소리를 내며 숨이 바닥날 때까지 호흡을 밖으로 내보내는 연습을 한다. 이때 촛불이 흔들리지 않도록 조심한다.

숨이 모두 나가면, 다시 코로 빠르게 하복부 밑에 숨을 채운다. 이 동작은 순식간에 이뤄지도록 빠르게 해야 하며 반복연습이 중요하다. 이때 발은 어깨 넓이만큼 벌리고 목은 똑바로 세운 자세에서 복근을 이용한다고 생각한다. 하체는 호흡에 있어 힘의 근원이 되기 때문에 호흡이 부족할 때에는 항문을 조이거나 무릎 관절에 힘을 주는 운동을 하는 것도 좋다. 하체 운동은 호흡의 지탱에 있어 매우 중요하기 때문이다.

## (3) 발성의 시작, 소리의 통로를 열어라

모든 발성의 궁극적인 목표는 적은 양의 호흡으로 커다란 공명 소리를 만들어 내는 것에 있다. 큰 공명 소리를 만들기 위해서는 소리의 통로를 크고 개방적으로 만들 필요가 있다. 소리가 지나가야 하는데 충분히 열려있지 않은 상태에서는 가득차고 동그란 소리를 낼 수 없기 때문에 의식적으로 소리가 지나가는 통로를 열려고 해야 한다.

소리의 통로를 열기 위한 방법 중 하나는 하품을 해 보는 것이다. 하품을 하면서 입안의 힘이 빠져나가기 때문에 하품을 할 때만큼은 우리 몸이 전체적으로 경직상태에서 해방된다. 그냥 하품을 하라는 소리가 아니고 하품을 위해 입 자체를 크게 벌리기만 해서는 소용이 없다. 반드시 호흡의 힘으로만 열어야 하는데, 하품의 입모양이 도움이 되는 것이다. 하품 직전의 입모양은 소리를 자연스럽게 만들어 낼 수 있는 모양이다. 다시 말해 하품을 참으려고 애쓰는 것처럼 입을 다물고 하품을 해보면 연구개 부위가 위로 올라가면서 구강 내부가 크게 확장되는 것을 느낄 수 있다. 이 감각을 기억하여 소리 훈련에 이용해야 한다.

또한 소리를 증폭시키는 방법으로는 상상력과 물리적인 힘을 함께 작용시키는 것이다. 즉 호흡 에너지가 횡경막과 복근의 힘을 받아 가느다란 호수관을 통해 자유로운 성대의 관문을 통과할 때의 떨림(**성악에서는 비브라토(vibrato)라고 한다**), 이 떨림의 소리가 입천장 앞쪽 연구개에 부딪힌 후 부비강을 거쳐 발성 위치인 미간 사이로 나오는 과정을 상상하면서 직접 소리를 내보는 것을 말한다. 짧은 찰나의 순간에 이뤄지는 이 경로는 자연스러워야 하며 호흡을 만들어 내는 단전 부분과 항문 주위 근육들의 약간의 경직을 필요로 한다.

## (4) 혀를 잘 다스리자

영국 속담에 '사람의 혀는 뜨거운 감자'라는 말이 있다. 혀는 노래를 할 때 자음 발음 시 꼭 필요한 것이지만 모음 발음을 낼 때에는 혀만큼 거추장스러운 것도 없다. 특히 노래를 부를 때 호흡이 부족하거나 고음이 나오는 부분에 도달하면 어김없이 혀는 목젖 가까이 다가가면서 필요 없는 힘을 주게 만들고 목을 조이도록 강요한다. 이렇게 되면 목에 압력을 가하게 되어 좋은 소리를 낼 수 없기 때문에 소리를 낼 때 혀를 잘 다스리는 훈련은 반드시 필요하다.

먼저 모음 '아'를 소리 낼 때 입을 벌린 상태에서 혀뿌리를 앞쪽으로 내민다. 혀를 내밀 때 구강과 인두강이 하나의 원통으로 넓어지는 것이 중요하며, 이때 혀에만 힘을 주도록 한다. 모든 것이 준비되면 '아' 모음을 3음계(도, 레, 미) 또는 5음계(도, 레, 미, 파, 솔)를 본인의 음역까지 반음씩 올리면서 훈련을 하는데 복식호흡으로 단전의 힘을 이용하여 소리를 내야 한다. 이 훈련은 목구멍의 통로를 가장 자연스러운 상태로 유지하게 만들어 준다.

### 악보1. 혀뿌리 내밀기

혀뿌리를 앞쪽으로 내밀면서 부드럽게 레가토(Legato)로 소리내어 보세요.

혀뿌리를 앞쪽으로 내밀고 복근의 호흡을 이용하여 스타카토(staccato)로 소리내어 연습 하세요.

다시 말해 소리를 낼 때, 혀뿌리로 인해 소리가 장애를 받지 않으면서 후두부에서 경구개에 도달하는 동안 소리의 에너지가 줄어들지 않도록 하는 것이 중요하며, 이를 위해서는 부드러운 입천장과 목젖 부위가 혀뿌리에서 멀어져야 한다. 혀의 위치는 낮고 평평하게 아래턱에 붙여 유지하면서 자음을 발음할 때에만 잠시 사용하고 다시 자기 자리로 돌아오는 훈련을 반복적으로 하여 자연스럽게 이뤄지도록 한다.

## (5) 허밍 연습

호흡과 소리의 통로를 알았다면 이제 본격적으로 소리를 내보도록 한다. 발성 훈련 시 소리를 낼 때에는 보통 허밍으로 시작하는데, 허밍 연습은 호흡을 좋게 하고 몸의 긴장을 이완시키며, 나중에 살펴볼 공명을 잘 활용할 수 있도록 도와준다.

허밍은 마치 입 안에 탁구공이 들어 있는 것처럼 얼굴을 연다는 느낌으로 '음' 소리를 내게 된다. 음계에 맞춰 세 개의 음인 '도, 레, 미'를 가지고 연습한 후 울림이 허밍이 되면 '도, 레, 미, 파, 솔, 파, 미, 레, 도'를 연습한다. 다음은 '이' 모음으로 연습을 한다. '이' 모음으로 연습하는 이유는 '이' 발음이 코의 바로 밑 인중으로 집중하여 소리를 내는 연습을 할 수 있기 때문이다.

▲허밍하는 얼굴 표정과 사용하는 기관의 구조

여기서 나만의 발성 방법을 소개하자면 프랑스어인 '위(Oui, 프랑스어로 yes라는 뜻)'로 시작하는 것이다. 이를테면 '도, 레, 미, 파, 솔, 라, 시, 도' 음에 따라 '위이이이이이'라는 식으로 연습한다. 그 다음은 '오, 아,'의 순서대로 연습한다. 발성 연습 시 허밍을 하는 것은 모든 사람들이 같지만 '위'를 넣어 연습하는 것은 나만의 방법이다. 이것을 나는 '위포지션'이라고 부르는데, '위'를 넣음으로써 발성의 포인트, 울림의 포인트, 소리의 포인트를 만드는 것이다. 이것은 발음을 할 때 잘못된 발음으로 소리가 새나가지 않도록 주의하면서 정확한 시작 포인트를 만들어 준다.

소리를 낼 때도 나만의 발성 방법이 있다. 다른 사람들은 두성이나 전두엽을 이용한 비강을 울려서 소리를 내지만 나는 앞에서 설명한 허리 부분에 있는 호흡의 힘을 이용한다. 즉 신체 내장기관과 허파의 기관을 분리하는 막인 횡경막의 호흡을 통해서 소리를 내는데, 이것을 복식호흡이라 부른다. 배꼽 밑의 근육들을 이용하여 숨에 탄력을 붙이는 것으로 허리벨트 주변에서 나오는 소리라고 해서 벨팅(belting)이라고도 불린다.

또한 나는 모음 연습을 할 때, 레가토(legato) 보다는 스타카토(staccato)로 연습한다. 배에 있는 호흡의 힘을 단련시켜 보다 탄력적인 소리가 나오도록 스타카토로 끊어서 연습하는 것이다. 이것은 직접 스타카토로 모음 연습을 해 보면 무슨 뜻인지 파악할 수 있다. 또한 배에서 올라오는 탄력적인 힘도 느낄 수 있다. 이 연습의 중요한 포인트는 스타카토를 연습하는 이유가 레가토를 더 잘하기 위해서라는 것이다. 그 시작 단계로 소리의 탄력을 기를 수 있는 스타카토로 연습하는 것이다. 그런데 연습생들 중에는 스타카토에 너무 집중한 나머지 진짜 잘 불러야 할 레가토에서 잘 못하게 되는 경우도 발생하므로 이점에 유의하면서 연습해야 한다. 스타카토의 연습은 레가토의 아름다움을 만들기 위함임을 잊지 말아라. 이렇게 스타카토를 익히게 되면 다음에는 스타카토와 레가토를 병행하면서 연습한다. 꾸준히 연습하다 보면 적당한 울림과 호흡의 힘이 잘 어우러져 좋은 소리를 낼 수 있게 된다.

지금까지 호흡과 발성에 대해 살펴보았다. 빠른 시일 내에 노래를 잘 부르고 싶은 조급한 마음은 이해하지만, 올바른 호흡과 발성을 익히기는 그리 녹록치가 않으므로 오랜 기간 동안 꾸준히 훈련해야 효과를 볼 수 있다. 발성의 역사가 가장 깊은 성악에서는 자기계발이 반이란 말이 있다. 생각 없이 10시간 동안 연습하는 것보다 신체기관의 구조와 역할 그리고 작용을 주의 깊게 의식하면서 연습하는 매일 10분이 훨씬 효과적인 것이다. 운동선수가 몸의 필요한 근육을 만들고자 할 때 트레이닝을 시작한다고 하여 하루아침에 훌륭한 근육이 만들어지지 않듯이 발성에 필요한 호흡과 그에 따른 신체 훈련은 오랜 훈련으로 인해 만들어진다. 유기적으로 연결된 모든 신체기관들을 의식적으로 건드려 몸에서 자연스럽게 익숙해지도록 노력해야 한다.

◀ 이

◀ 오

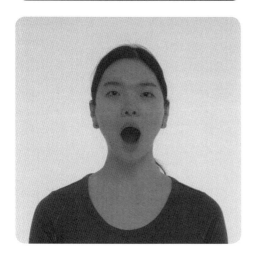

◀ 아

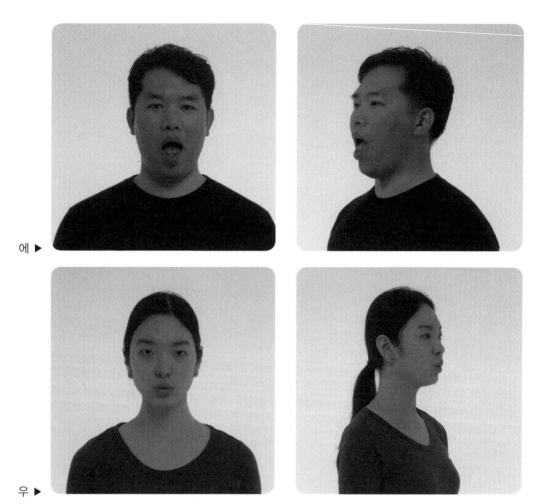

에 ▶

우 ▶

▲ "이, 오, 아, 에, 우" 모음의 모든 소리를 동일한 포인트로 사용하는 모습

**2. 발성 위치(포지션)**

발성을 공부하다보면 인체를 구성하는 장기나 기관 중에서 발성에 동원되지 않는 부분이 거의 없다는 것을 깨닫게 된다. 발성이야 말로 인체의 모든 것을 동원하여 만들어 내는 작품이라고 할 수 있다. 따라서 좋은 발성을 위해서는 발성에 사용되는 신체구조를 잘 파악하고 이를 효율적으로 활용할 수 있는 능력을 기르는 것이 필요하다. 신체구조에 대해 지금까지 이야기를 많이 했음에도 이렇게 다시 강조하는 이유는 바로 발성 위치에 대해 이야기하기 위함이다. 아름다운 소리를 내기 위해 알아야 하는 부분들이 많지만 그 중에서도 특히 발성의 위치를 아는 것은 매우 중요하다.

발성의 위치란 소리가 나오는 중심점을 말한다. 소리가 나와야 하는 곳이 아닌 곳에서 소리가 나오게 되면 정상적인 소리가 될 수 없다. 발성의 위치는 장르 및 분야에 따라 조금씩 다르지만, 뮤지컬 발성의 위치는 전두동, 상악동, 부비강을 울려서 미간 사이로 내는 소리를 말한다.

## (1) 발성 위치란?

발성 위치를 보다 정확하게 말하면 복식호흡을 통해 올바른 발성 위치까지 소리를 끌어올려 해당 위치에서 소리를 내 보내는 것을 말한다. 쉽게 말해 이마와 광대뼈, 코뼈가 있는 주위로 생각하면 된다. 이것을 전문적인 용어로 '공명공동'이라고 말하는데 이마는 전두동의 두개골이 있는 공명 소리를 말하며, 미간 사이라고 생각하면 쉽다. 광대뼈는 상악동의 공명, 코뼈는 부비강의 공명을 말한다. 이것을 필요에 맞게 적절하게 이용하면서 그 부분을 울려서 소리를 낸다.

이것은 성악에서 자주 다루는 마스케라(maschera) 창법과 매우 흡사하다. 마스케라란 이탈리아 말로 '가면', '얼굴'이란 뜻으로 '마스크를 쓴 것처럼' 혹은 '얼굴 앞부분에서' 노래하라는 말이다.

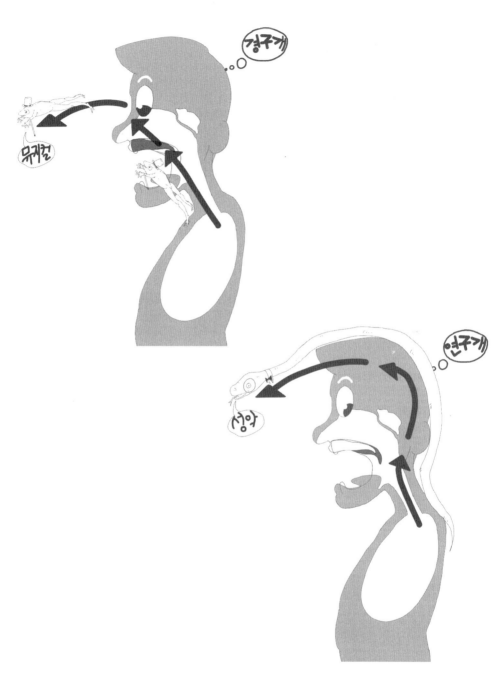

▲ 경구개를 사용했을 때와 연구개를 사용할 때의 모습 차이

공명의 울림 연습 후 입을 정확히 열고 노래를 부를 때 경구개와 위쪽 치아 앞부분에서 소리가 닿는 진동감을 느낄 수 있는데, 이것이 '마스케라'이다. 성악에서 가장 역사가 오래되고 많이 사용되는 발성으로 벨칸토 발성법이 있는데, 마스케라가 그 창법이다. 과거 벨리니 시대에 사람들이 많이 사용했던 것으로, 소리를 내는 접근방법이 매우 효율적이며 소리를 내는 구간들을 자연스럽게 연결하여 보다 넓고 풍부한 울림으로 노래하는 특징을 가지고 있다. 다만 차이가 있다면 마스케라 창법은 연구개를 이용하지만 나는 정확한 발음 표현을 위해 경구개의 울림통을 이용한다는 것이다.

하지만 무엇보다 가장 중요한 것은 소리를 낼 때 발성의 위치를 정확하게 찾아가야 한다는 것이다. 횡경막 밑에 위치한 호흡 근육들을 이용해 숨을 탄력적으로 이동시켜 후두와 경구개를 거쳐 비강에 이르는 경로로 공명이 발생하는 발성의 위치까지 도달하는 모습을 생각하면 된다. 배꼽 밑의 복식호흡을 시작으로 튜브를 이용해 소리가 쭉 올라간 것처럼 느끼면서 후두의 경로를 통해 경구개 앞 이빨 뒤 움푹 파인 곳의 공명과 그 위의 부비강을 이용해 소리를 발성의 위치로 도달시키는 것이 중요하다.

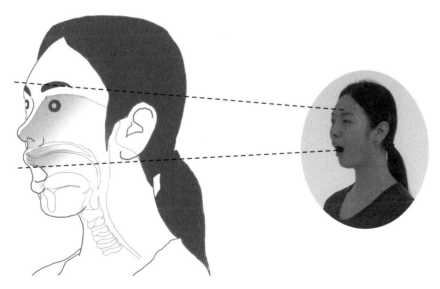

▲ 구개공명과 부비강공명

이렇게 발성의 위치가 바르게 되어 소리가 나오는 느낌은 마치 얼굴에서 'S자 주파수' 같은 광선이 나오는 것 같다고 말한다. 이 'S자 주파수'는 음악적으로 배에서 소리가 시작되었다고 하여 '배음'이라고도 말한다. 일반 사람들은 소리가 한음으로 들린다고 하지만 사실 한 음을 기계의 주파수로 분석해보면 수많은 음들이 혼합해서 소리를 이루고 있는 것으로 확인할 수 있다.

▲ S자 주파수 모습

그 혼합된 소리가 어우러져 퍼지면서 인간의 귀에는 한음으로 들리고, 그 음이 아름답게 들리는 것이다. 그런데 어떤 때에는 아름답게 들리는 것이 아니라 약간 슬프게 들리는 경우가 있는데, 이는 발성의 위치가 조금 쳐졌기 때문이다. 음악적으로는 플랫(♭)을 의미하며, 발성 위치가 너무 두성쪽으로 올라가면 샵(#)이 된다. 따라서 정확한 음의 소리를 내기 위해서는 올바른 발성의 위치가 매우 중요하다.

## (2) 정확한 발성 위치를 찾기 위한 훈련 방법

나는 발성의 위치를 '미간 사이'라고 말한다. 미간으로 소리가 모여서 광선처럼 'S자 배음'이 나가면서 소리가 나는 것이다. 만일 공명 소리가 바르게 형성되지 않아 '배음'이 완성되지 않으면 듣기 거북한 굉음소리나 악을 쓰는 비명 소리가 나게 된다. 그렇기 때문에 '배음'의 소리는 노래를 하는 사람들에게는 반드시 완성해야 할 과제이기도 하다. 순수한 공명의 진동에 의해서 이뤄지는 'S자 곡선'을 물리적으로 음이라고 하는데 정확한 발성 위치 없이는 올바른 '배음'을 낼 수 없고, 결국 음악적인 음을 내기 어렵다. 따라서 우리는 올바른 발성 위치를 잡기 위한 훈련을 시작해 보도록 한다.

### ① 몸을 n자로 만들기

머리를 허리 아래까지 내려가도록 상체를 굽혀 몸의 형태를 n자로 만든다. 팔과 손은 자연스럽게 바닥을 향하게 한다. 이때 이마 전두엽의 중심 부분에 쏠림현상을 느껴야 한다. 쏠림현상의 중심으로 허밍으로 발음하는 모음의 소리가 자연스럽게 나올 때 "아, 오, 이" 중 한 모음을 선택하여 상체를 일으키면서 지속적으로 소리를 낸다. 일어날 때에는 반드시 꼬리뼈부터 천천히 척추를 세워 머리를 가장 나중에 들도록 한다. 호흡이 허락하는 때까지 멈추지 않고 소리를 내며, 소리를 낼 때에는 소리가 쏠림현상을 느꼈던 미간 사이를 벗어나지 않도록 주의한다. 이렇게 반복적으로 훈련하면서 익숙해지면 3음계, 5음계 등으로 점차 늘여나간다. 이 훈련법은 발성 위치를 잡는 데 많은 도움이 되는데, 특히 등호흡의 연습도 가능한 장점이 있다. 호흡을 코로 깊이 들이마시면서 복부와 등근육을 통해 느껴지는 팽창을 기억해 두어야 한다. 따라서 이 훈련을 할 때에는 호흡 연습도 함께 병행하도록 한다.

▲ 상체를 구부려 앞이마에 쏠림현상을 느끼는 동작

### ② 허밍으로 소리내기

입 안에 탁구공 크기의 공이 들어 있는 것처럼 아래턱을 열어 벌린 후 '음' 소리를 낼 때 발성 위치에 배음의 소리가 자연스럽게 들리도록 한다. 이때 목 부분으로 허밍소리를 내는 실수를 하기 쉬운데 정확한 발성 위치(상악동, 부비강)에서 울리는 소리를 내는 연습을 하도록 한다.

▲ 전두엽, 상악동, 비강이 울리는 허밍소리

### ③ 음 내리지 않기

모음 연습 시 '이' 스케일 훈련을 먼저 하게 되는데 올라가는 상향 음계는 비교적 쉬워 음을 떨어뜨리지 않지만, 내려가는 하향 음계를 소리 낼 때 플랫(♭) 현상이 나타날 수 있으므로 이 점을 주의하면서 소리 내는 연습을 한다. 한 번 떨어진 소리는 좀처럼 도약이 어렵기 때문에 정확한 음을 내는 연습을 해야 한다. 빨랫줄의 빨래가 바람이 불어도 절대 떨어지지 않도록 널 듯 소리는 꼭 정음에 매달려 있어야 한다. 이렇게 훈련을 하다 보면 정확한 발성 위치에서 좋은 음을 낼 수 있게 된다.

### ④ 호흡의 압력 느끼기

이제는 호흡의 압력을 느껴야 할 때다. 압력 없는 호흡은 떠있는 작은 음이 될 뿐이다. 예를 들어 우리 몸 안에 파이프가 있다고 가정하고, 자연스럽게 숨이 오고 가는 것을 상상해 보자. 음을 부비강으로 부른다는 상상을 하면 몸은 자연스럽게 '배음'을 내는 범위를 활성화 시키게 된다. 신선한 공기를 마시는 코의 근육을 움직이면서 연습을 한다. 마치 자신이 어린 토끼가 된 것처럼 코를 찡그리는 상상도 도움이 되는데, 코를 찡그릴 때 콧소리의 음이 나지 않도록 주의한다. 이렇게 코로 숨을 들이쉬면 훨씬 더 많은 공기를 들이마실 수 있다는 것을 깨닫게 된다.

소리는 물리적 힘으로 나타나는 현상으로 인간의 호흡기관인 폐를 중심으로 성대에서 만들어진 소리가 코와 입으로 발산되는 것이다. 따라서 코와 입이 소리의 양과 질을 좌우하게 된다. 평상시에 사용하는 소리는 음 자체가 불안정하고 진동이 없지만 물리적인 힘이 가미된 소리는 발성기관과 울림통의 변화를 일으키면서 '배음'을 형성한다. 이 배음은 음폭이 넓어지며, 풍부한 음폭은 포근한 소리를 만들어 낸다. 평상시의 얇은 소리를 날카로운 것으로 생각하면 포근한 소리를 구분 할 수 있다. 즉 성량은 물리적인 힘에 의해 나타나는데 소리내기의 시작은 이러한 물리적 현상을 인정하고 학습한 호흡과 발성원리에 따라 호흡과 음성을 연결시키는 것이다. 그 다음부터는 건강 상태 및 사용하는 신체기관의 발달 상태, 호흡의 훈련 정도에 따라 달라지기 때문에 학생 본인이 호흡의 강약, 비강의 움직임, 여러 신체적인 움직임에 따라 물리적으로 변화된 음성과 양의 느낌을 소리와 신체 감각을 통해 스스로 확인해야 한다. 이와 함께 신체 각 부분에 긴장과 이완을 경험하면서 신체 긴장에 따른 소리의 변화를 체험하며 소리를 자유자재로 낼 수 있도록 훈련한다.

# 3. 소리어택

문자 그대로 소리가 시작되는 지점을 말한다. 노래를 부를 때 그 시작이 입인지, 목인지, 가슴인지, 그리고 성악에서 중요시 하는 횡경막과 배꼽 밑에서 시작되었는지에 따라 소리가 달라진다. 입, 목, 가슴에서 시작되는 소리는 얇고 깊이도 약하다. 가슴보다 더 아래에 있는 횡경막 밑, 배꼽 밑에서 시작되는 소리는 그만큼 더 깊어진다. 따라서 깊은 울림이 있는 소리를 만들기 위해서 소리어택은 반드시 밑에서 시작되어야 한다.

가장 중요하게 생각하는 것은 배꼽 밑 단전 부분의 근육들을 발달시켜 그곳에서 출발한 소리어택이 후두기관을 통해 각 공명 기관을 울려 소리가 밖으로 나오도록 하는 것이다. 발성에서 이 소리를 깊은 소리라고 말한다. 뮤지컬 배우들이 대사를 할 때나 가수 및 성악가들이 깊은 소리를 낼 때 이와 같은 방법을 사용하는데, 그 소리를 들은 사람들은 진실성과 정직성이 실려 있다고 말한다. 듣는 청중들도 그 깊은 호흡의 소리를 들으면서 안정감을 찾고 감동을 받게 되는 것이다. 따라서 소리어택의 지점을 항상 유념해야 한다.

## (1) 소리어택의 종류

노래를 부를 때 소리 포지션을 갖는 것이 중요한데, 그 포지션에서 정확하게 어택하는 훈련을 해야 한다. 그리고 해당 포지션에서 소리를 유지시키는 기술을 습득해야 하는 것이다. 소리어택의 종류는 크게 목, 가슴, 횡경막 밑으로 구분할 수 있다.

### ① 소리어택: 목

일반적인 음의 어택으로 후두와 혀, 즉 목에서 출발한 소리어택을 말한다. 힘을 목 부분에 주게 되면 자기도 모르게 억누르거나 조이면서 탁한 소리를 내게 된다. 가수 중에는 일부러 탁한 소리를 내기 위해 목에서 소리를 내는 경우가 있지만, 이럴 경우 목이 쉬거나 상할 수 있고 장시간 노래를 부를 수 없게 된다.

### ② 소리어택: 가슴

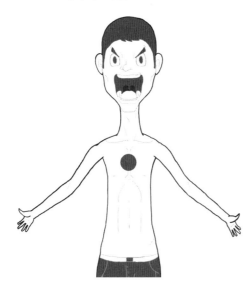

가슴에서 출발한 소리어택은 목보다는 그나마 좀 낫지만 역시 딱딱한 소리를 갖게 된다. 저음 부분에서는 어느 정도 괜찮지만 고음으로 올라갈수록 후두가 닫히면서 소리는 다른 경로를 찾게 된다. 역시 가슴을 조이다가 결국 다시 목을 억누르게 되고 목에서 출발한 소리와 같이 딱딱하고 억눌린 소리를 내게 된다.

### ③ 소리어택: 횡경막 밑

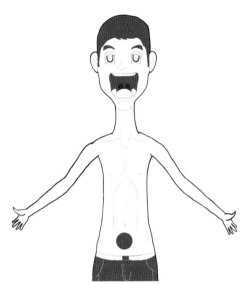

이것이야 말로 올바른 소리어택이다. 횡경막 밑에서 소리어택이 시작되면 깊은 곳에서 평소에 훈련했던 단전의 근육들에 의해 소리가 출발하게 되는데, 그만큼 깊은 소리와 함께 울림소리도 더 풍부해지고 결국에는 멀리까지 낼 수 있는 좋은 소리를 낼 수 있게 된다. 이런 소리를 정직하고 믿음직한 소리라고 하는데 음폭이 깊기 때문에 깊은 호흡의 소리가 나면 상대방이 듣기에 믿음직스럽고 신뢰가 가는 소리가 된다.

소리어택이 배꼽 밑의 횡경막과 단전 부근에서 시작되면 저음에서부터 고음까지 낼 수 있는 훌륭한 소리를 갖게 된다. 만일 누군가 소리어택을 말할 때 저음 부분은 밑에서부터 고음으로 올라올수록 가슴과 목을 사용한다고 한다면 그것은 잘못된 것이다. 소리어택은 항상 배꼽 밑 횡경막 부분을 이용해서 소리를 내야 저음과 고음 모두 매력적인 소리를 낼 수 있게 된다.

소리어택을 밑에서부터 출발하게 되면 저음 부분에서는 얼굴 모양이 두꺼운 삼각형의 모습을 갖게 되고, 점점 높은 고음으로 올라올수록 얇고 뾰족한 삼각형의 모습을 하게 되는데, 이때 저음에서부터 사용했던 소리어택을 절대 놓치지 않도록 유념해야 한다.

▲ 고음 시 삼각형 이미지 만들기

노래를 부르다 보면 쉼표가 있다. 이때 숨을 쉬면서 호흡이 횡경막 위로 따라 올라올 때 소리어택의 위치가 바뀌는 경우가 있는데, 잘못된 경우이다. 이때도 소리어택을 놓치지 않도록 주의해야 한다. 따라서 숨을 쉴 때마다 호흡을 횡경막 밑으로 가라앉히면서 밑에서 출발시키려고 노력해야 한다. 예를 들어 물속에 풍선을 넣었을 때 물의 부력으로 인해 풍선은 점차 물 위로 올라오려고 한다. 풍선이 물속에 들어 있는 상태를 진실하고 정직한 소리라고 생각하고 풍선이 올라올수록 횡경막을 벗어나 탁한 소리를 내는 것이라고 생각하면 이해하기 쉽다. 따라서 소리어택의 위치는 절대 못 올라오도록 호흡으로 저지하며 눌러야 한다. 하지만 너무 세게 눌러버리면 가슴 흉성이나 목에서 출발하는 소리어택이 될 수도 있으니 자연스럽게 누르는 감각을 빨리 깨우쳐야 한다.

호흡이 올라오지 않도록 힙조인(hip joint)을 하거나 무릎에 힘을 주는 경우도 있다. 간혹 성악가들이 소리가 올라오지 못하도록 무릎에 너무 많은 힘을 주다 보니 관절염 환자가 많다는 말도 있는데, 물론 관절염에 걸리면 안 되겠지만 이 정도로 소리어택 시 항상 횡경막 밑 단전 부근에서 시작될 수 있도록 많은 훈련을 해야 한다. 청중들의 마음에 심금을 울리는 소리의 중요한 포인트는 바로 소리의 출발점인 소리어택이다.

**4. 흉성, 두성, 팔세토**

하루는 수업 중에 한 학생이 물었다. "선생님, 팔세토는 어떻게 소리를 내는 건가요?"

간단하게 대답하기 어려운 부분이라 잠시 머뭇거리며 생각하다가 대답한 것이 있다. 그 이유는 그만큼 팔세토에 대한 여러 가지 정의들이 많기 때문이기도 하고, 각자가 다르게 느끼는 그 느낌을 체감할 수 있도록 설명하기 어려웠기 때문이다. 쉽게 이야기 하면 가성에 호흡이 섞인 소리라고도 할 수 있지만 이것도 정답은 아니다. 시범을 보여주는 것이 가장 좋지만, 보여준다고 학생이 바로 터득할 수 있는 것도 아니다. 혹자는 팔세토를 두성의 소리라고 하는 이들도 있지만 그것도 완벽하게 맞는 말이 아니다. 그렇다고 해서 흉성의 소리는 더더욱 아니다.

우리가 앞서 살펴보았지만 흉성과 두성은 뚜렷한 차이를 보인다. 가슴속에서 소리를 내는 것을 흉성이라 하고, 머리에서 소리를 내는 것을 두성이라고 한다. 이 흉성과 두성을 이어주는 소리가 하나 있는데 코 뒷부분에 자리 잡고 있는 비강, 즉 비성이다. 보통 노래를 부르면서 음을 계속 상승시키다보면 F음에서 파열되는 듯한 소리가 나는 부분이 있다. 보다 정확하게 말하면 C 가온음자리에서 한 옥타브 올라간 중간 C에서 D, E, F 사이에 변화를 겪게 된다. 이 부분보다 높은 음을 연속적으로 내고자 할 때 소리를 내주는 것이 바로 비성이다. 여기서 비성을 통과한 소리가 두성을 만들어내게 되는데, 이 것을 '팔세토'라고 말한다.

흉성에서 올라온 소리를 비강에서 머뭇거리게 하면 두성으로 올라갈 때 소리가 변하게 된다. 화려하고 윤기 있는 소리가 아닌 가느다란 가성에 가까운 소리가 나오는데, 이 소리에 흉성에서 힘을 받은 호흡의 소리가 섞인 것을 팔세토라고 한다. 먼저 말했듯이 이해하기는 쉽지 않다.

사실 모든 사람들에게는 팔세토는 있다. 소프라노, 알토, 테너, 베이스 등 모든 사람들은 팔세토를 가지고 있고 흉성, 두성, 비성을 가지고 있다. 흉성과 두성 사이에 있는

▲ 팔세토(falsetto)

뮤지컬을 위한 무대 발성법

비성을 잘 활용하는 것이 문제인데, 많은 훈련을 통해서 머뭇거리지 않고 바로 흉성 소리의 힘과 두성 소리의 힘을 원활히 이어주는 것이 관건이다. 이것을 훈련하여 잘 활용하는 가수가 노래를 부르면 사람들에게 잘한다는 칭찬을 받게 되고 많은 사랑을 받을 수 있다. 저음과 고음 모두 잘 부른다는 칭찬을 받게 되는 것이다.

정리하자면 소리를 내면서 음을 점점 올리다보면 더 이상 소리를 내지 못하고 다른 부분으로 소리를 내려고 하는 때가 온다. 바로 그 때가 두성의 길로 들어가는 문에 도달한 것이다. 하지만 누구나 이 문을 쉽게 통과하지는 못하는데, 그 문을 통과하게 해주는 것이 바로 비성이다. 비성에서 그 문을 만들어 주고 문이 열리면 두성으로 나아갈 수 있다. 앞서 말했듯이 그 문으로 들어가기는 쉽지 않기 때문에 훈련을 통해 실력을 갈고 닦아야 한다. 그런 후에야 두성으로 올라가는 길이 편하게 느껴질 것이다. 이것을 가능케 하는 것이 호흡의 테크닉이며, 이는 뮤지컬 발성이나 성악적인 면에서도 매우 중요한 부분이다. 구체적으로 말하자면 스타카토 연습이나 호흡 연습을 통해 소리어택이 시작된 배꼽에서 약 7cm정도 밑에 위치한 단전과 횡경막의 힘에 의해 소리가 받쳐지게 되면서 흉성으로 올라간 소리가 후두를 통해 비강으로 들어가는 순간의 호흡의 테크닉을 말한다. 짧게 말해 단전에서 호흡이 시작되면서 비강으로 바로 들어갈 수 있는 것, 이어 두성으로 올라가는 것, 이렇게 흉성, 비성, 두성을 자유롭게 왕래할 수 있는 능력을 가지고 좋은 발성을 내야 훌륭한 가수라고 할 수 있다.

흉성의 소리는 누구나 잘 낼 수 있으나, 이 소리가 가슴에서 울리는 것으로 끝나선 안 된다. 가슴에서 울리는 소리는 후두를 통해서 비강까지 도달해야 하는데, 이 부분을 좀 더 자세하게 말하면 가슴에서 울리는 소리는 연구개를 통해 앞 이빨 위 움푹 파인 곳인 경구개에 부딪혀서 비강으로 들어가는 것이다. 이때 억지로 소리를 내게 되면 병목현상이 발생한다. 이럴 경우 보통 무리해서라도 호흡의 힘으로 올리려고 하는데, 그렇게 되면 목에 힘이 들어가면서 목이 상하거나 쉬게 된다. 때문에 우리는 비강으로 들어가는 호흡의 테크닉을 익혀야 한다. 오랫동안 호흡 연습으로 얻은 자연스러운 소리를 음역대에 상관없이 비강을 통해 자유자재로 낼 수 있는 훈련을 말한다. 앞에서 말한 팔세토 역시 동일한데, 힘이 잔뜩 들어간 호흡의 힘으로 내는 것이 아닌 적절한 힘의 안배를 통해 소리를 앞이마에 붙인다고 생각하면서 소리를 내는 것이다.

　이렇게 발성기관, 울림기관 등 소리를 낼 수 있는 것들은 모두 호흡과 밀접한 관련이 있다. 소리는 호흡으로 내고 음은 귀로 낸다는 말이 있다. 귀로 소리를 듣고 그 음을 기억한 후 호흡으로 양을 조절하여 소리를 내게 되는 것이다. 소프라노, 알토, 테너, 베이스 등 다양한 음역대를 가진 모든 사람들에게 호흡의 힘은 절대적인 것이다. 단전에 있는 그곳으로 호흡의 힘을 집중하면서 그 힘에 의해 후두를 통해 소리를 내는 것, 이것이 팔세토, 두성, 흉성을 올바르게 이용하는 모습이다.

# 5. 소리의 분류

모든 사람들은 개개인의 음역과 음색을 가지고 있다. 소리의 빛깔이라고도 하는데, 사람마다 모두 다르다. 이를 어느 정도 공통분모로 묶은 것이 소리의 분류이다. 쉽게 말해 높은 음역과 음색을 가진 이들, 중간대의 음역과 음색을 가진 이들, 그리고 낮은 음역과 음색을 가진 이들로 나눠진다.

연기적인 면에서 이런 소리의 분류에 따라 역할이 나눠지기도 한다. 눈치 챘을지 모르겠지만 방송국에서 뉴스의 앵커를 뽑을 때 이런 톤의 조화도 고려된다. 이를테면 남자 앵커의 목소리가 두꺼운 편이면, 소프라노를 가진 여자 앵커를 배정한다. 오페라나 뮤지컬도 이와 유사한데 소리의 빛깔에 따라 배역을 맡게 된다. 즉 주인공 남자는 테너, 주인공 여자는 소프라노, 메조소프라노는 왕비나 엄마 역할, 남자의 바리톤 목소리는 테너의 친구나 배신자 혹은 또 다른 주인공 역할을 맡기도 한다. 하지만 뮤지컬의 경우에는 다양한 극의 특색에 따라 그 주인공이 달라진다. 캣츠나 미스 사이공은 테너가 주인공이지만, 레미제라블은 테너인 것 같으면서도 굵은 소리가 필요하기 때문에 하이 바리톤이 주인공이다. 오페라의 유령에서도 평소에는 가늘고 서정적인 소리로 노래하다가 악마로 변했을 때는 굵은 목소리의 드라마 성격을 가지고 있기에 역시 하이 바리톤이 주인공을 맡는다. 맨 오브 라만차도 마찬가지다. 지킬 앤 하이드는 술집 여인인 루시가 주인공으로 굵으면서도 얇은 소리도 낼 수 있는 메조소프라노가 그 역할을 맡는다. 이렇게 극의 분위기에 맞춰 불러야 하는 노래나 연기에 따라 역할이 정해지는데, 이것은 음색을 기준으로 구분한다. 그렇다면 이제 소리의 분류를 알아보도록 하자. 음역대의 큰 분류는 다음과 같다.

〈소리의 분류〉

- 소프라노(soprano : 여성)
- 알토(alto : 여성)
- 바리톤(baritone : 남성)
- 메조소프라노(mezzo soprano : 여성)
- 테너(tenor : 남성)
- 베이스(bass : 남성)

## (1) 소리의 칼라 구분

소리의 칼라를 구체적으로 나눠보자면 다음과 같다.

- 소프라노(soprano) : 여자 목소리의 대표적 명칭으로 여성의 최고 음역을 말한다. 특정한 성부나 음역에 의한 음성의 종류를 가리키는 경우가 있다. 높은 '하이체'라고도 하며 3옥타브 도까지 내는 것이 일반적이다.

  ① 소프라노 콜로라투라(soprano coloratura) : 콜로라투라란 '채색한', '색을 입힌'이라는 뜻으로 복잡한 장식음을 정확한 기교로 화려한 음색을 내는 소프라노를 말한다. 경쾌한 움직임과 화려한 음색을 가지며 특히 최고 음역을 정확하게 소화해야 한다. 가장 높은 음을 낸다고 생각하면 쉽다.

  ② 소프라노 리리코(soprano lirico) : 아름답고 서정적인 음색을 지니며 높은 음역에서의 약음에 리리코만의 독특한 매력이 있다. 부드럽고 청아하며 진짜 순수한 소리라고도 불린다. 저음과 고음 부분을 조화롭게 내는 소리이다.

  ③ 소프라노 드라마티코(soprano drammatico) : 열정, 분노, 슬픔 같은 다양하고 폭넓은 감정을 극적으로 표현하는 무겁고 어두운 빛깔의 목소리이다. 특히 넓은 음역과 풍부한 음량을 지녔기에 극적인 표현에 아주 적합하다.

  ④ 소프라노 레제로(soprano leggiero) : 레제로는 가볍다는 뜻으로 가벼우면서 우아하게 노래하는 소프라노를 말한다.

⑤ 소프라노 리리코 스핀토(soprano lirico spinto) : 스핀토란 '찌르다', '밀어붙이다'라는 뜻으로 소리에 힘이 느껴져 드라마틱한 힘찬 소리를 낸다.

이 밖에 변성기 전의 소년이 부르는 최고 성역을 말하는 보이 소프라노가 있다.

- 메조소프라노(mezzo soprano) : 메조(mezzo)란 이탈리아 말로 '반', '중간'을 뜻하며 소프라노와 알토의 중간에 속한 비교적 낮은 소프라노를 말한다. 약간 허스키한 소리와 매우 우렁찬 소리가 그 특색이다.

  ① 메조소프라노 콜로라투라(mezzo soprano coloratura) : 소프라노는 아니지만 복잡한 장식음을 정확한 기교로 소화하는 화려한 음색의 메조소프라노를 말한다. 이 콜로라투라 메조소프라노는 따뜻하고 부드러운 저음역과 격렬하면서 날카로운 고음역을 가지고 있다.

  ② 메조소프라노 리리코(mezzo soprano lirico) : 메조소프라노 리리코의 경우에는 음역은 메조소프라노 콜로라투라와 거의 일치한다. '리릭 메조'라고도 불리우며, 메조소프라노 콜로라투라에 비하면 찌르는 듯한 강렬함은 없지만 음색이 매끄럽고 감성적인 편이다.

  ③ 메조소프라노 드라마티코(mezzo soprano drammatico) : 소프라노 드라마티코가 리리코보다 배역이 적은 것과는 달리 메조소프라노 드라마티코는 리리코에 못지않게 다양한 배역이 존재한다. 그것은 격정과 분노, 고통과 절망 같은 다양하고 폭넓은 감정을 극적으로 표현해낼 수 있는 묵직하고 어두운 빛깔의 목소리를 가지고 있기 때문이다. 중저음 영역에서 힘찬 소리를 내고, 고음역에서 부드러운 소리를 내는 것이 메조소프라노 드라마티코의 특징이다.

- 알토(alto) : 여성의 낮은 음역을 말한다. 라틴어 'altus(높다, 깊다)'에서 파생된 말이며 기본 음역은 보통 G음에서 F음까지이다. 여성으로서는 가장 낮아 음색도 가라앉은 느낌에 중후한 맛이 있다. 한편, 팔세토를 사용하여 내는 높은 음역의 남성을 알토라고도 하는데, 정확히 말하면 콘트랄토(contralto)라고 해야 한다. 16 ~17세기의 다성적 교회음악에 사용되었다.

- 테너(tenor) : 음악에서 남성의 최고 음역을 말한다. 라틴어 teneo(지속하다)에서 유래한 용어로 기본 음역은 보통 중앙의 C에서 A에 이른다. 그리고 음색에 따라 감미로운 리리코(lirico), 극적이고 큰 소리인 드라마티코(drammatico), 경쾌하고 가벼운 레제로(leggiero) 등으로 구별한다.

① 테너 레제로(tenor leggero) : 테너 중 가장 가벼운 소리로 질감이 부드럽고 음색이 밝다.

② 테너 리리코 레제로(tenor lirico leggero) : 서정성을 가진 감미로운 소리로 가볍고 자상하며 서정성을 갖춘 소리이다.

③ 테너 리리코(tenor lirico) : 서정적이면서 낭만적인 면이 풍부한 소리를 말한다.

④ 테너 리리코 스핀토(tenor lirico spinto) : 날카롭게 찌르는 소리이다. 중량감이 있는 소리로 호소력이 짙고 힘이 있어 강렬한 편이며 통쾌해서 극적인 연기를 많이 한다.

⑤ 테너 드라마티코(tenor dramatico) : 영웅적이고 극적인 소리를 말한다. 폭넓고 무게감이 느껴지는 소리로 위압적이다. 영웅 역할을 많이 맡는다.

⑥ 테너 카운트(tenor count) : 리릭보다는 더 높은 소리를 말하는데, 어렸을 때의 목소리를 그대로 간직한 가느다란 소리를 말한다. 파리넬리라고도 하는데, 목소리를 변하게 하는 성장 호르몬 관을 끊는 등 물리적인 방법을 통해 어린아이의 소리를 그대로 가지고 있는 것을 카운트 테너라고 부른다. 과거 프랑스에서 성행했으며 현재는 거의 사라지고 없다.

■ 바리톤(baritone) : 테너와 베이스 사이의 중간 목소리를 말한다. 음색으로는 베이스의 깊이와 차분함을 가지고 있으면서 테너의 화려함까지 있어 남성 고유의 목소리를 상징하는 소리라는 말도 있을 정도이며 음역도 넓다.

① 바리토노 리리코(baritono lirico) : 부드러우면서도 가볍고 서정적인 느낌을 주는 맑은 미성의 소리이다. 거친 소리가 나지 않는 것이 가장 큰 특징으로 대개 희극의 바리톤들이 이 리릭 바리톤에 해당한다. 일반적으로 가운데 도(가온음자리)의 아래로 두 번째 옥타브 '라(A2)'부터 두 옥타브 위 '라(A4)'까지가 기본 음역대이다.

② 바리톤 카발리에(bariton kavalier) : 원래 독일어에서 사용되던 단어이지만 지금은 영어권에서도 사용된다. 리릭 바리톤과 드라마티코 바리톤의 중간에 위치하는 목소리로, 테너에서는 '스핀토'에 해당하는 분류라고 보면 된다. 경쾌하면서도 마치 금속 같은 느낌이 드는 단단한 소리를 말하며 기본 음역은 '라(A2)'부터 두 옥타브 위의 '솔(G4)'까지이다.

③ 바리토노 드라마티코(baritono drammatico) : 바리톤 가운데 가장 많은 배역이 존재하는 음역은 바로 바리톤 드라마티코이다. 이 바리톤 드라마티코는 바리톤 리릭이나 바리톤 카발리에와 비교하면 훨씬 극적이고 거친 음색의 소리를 내며 음량은 더 크다. 기본 음역은 '솔(G2)'에서 두 옥타브 위의 '파(F4)' 정도이다.

그밖에 높은 음역을 지닌 것을 테너 바리톤(tenor baritone) 또는 하이 바리톤(high baritone), 낮은 음역을 지닌 것을 로우 바리톤(low baritone)이라 부르며 구별할 때도 있다. 당연한 말이겠지만 테너 바리톤은 음색이 테너에 가깝고 로우 바리톤은 베이스에 가깝다. 베이스 바리톤은(base baritone)은 정말 흔하지 않은 소리로 저음을 마치 통에서 울리는 듯한 웅장한 톤의 소리이다. 실제로 그렇게 웅장한 소리가 저음까지 내려가면 듣는 이들은 새로운 기분을 느낄 수 있다.

■ 베이스(bass) : 남성의 가장 낮은 성역으로 기본 음역은 대체로 E에서 E까지이다. 음역 가운데 가장 낮기 때문에 그 음색이 엄숙하고 깊이 있게 느껴진다. 오페라에서는 주로 귀인이나 노인 등의 역을 맡는다. 베이스 가수 중에는 바소 칸탄테(basso cantante : 노래하는 베이스로 선율적이며 가창에 알맞다)와 바소 프로폰도(basso profondo : 깊이 있는 베이스로 아주 낮은 음역을 특기로 한다) 그리고 바소 부포(basso buffo : 다소 익살스러운 베이스를 말한다) 등이 있다.

## 〈파트별 목소리 음역대〉

### ① 여성의 음역

### ② 남성의 음역

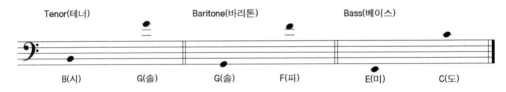

※목소리 분류에 음역은 일반적인 것이며 개인적인 성향에 따라 음역의 높낮이가 다를 수 있다.

지금까지 살펴본 것처럼 음역과 음색에 따라 소프라노, 알토, 테너, 베이스 등으로 나눠지는데, 이것은 단순히 힘을 세게 준다고 해서 바리톤이고, 힘을 저음까지 잘 낸다고 해서 베이스라고 할 수는 없다. 그것은 소리의 빛깔로 분류되며 소리의 질에 따라서 그 유형이 정해지는 것이다. 절대로 고음과 저음을 잘 낸다고 해서 분류되는 것은 아니다. 분명한 것은 목소리의 빛깔, 즉 칼라에 따라 정해진다. 그렇다면 목소리를 어떻게 구분할 수 있을까? 본래부터 가지고 있는 목소리의 톤을 구분할 수 있는 이들이 바로 선생이다. 성악을 공부하는 이들을 보면 목소리의 톤이 테너인데도 불구하고 바리톤을 공부하는 이들도 있었다. 흉성의 소리를 많이 내어 바리톤이라고 하는데, 정작 소리의 색은 테너인 경우도 있었다. 따라서 이것은 좋은 선생이 제대로 구분을 해주는 수밖에 없다. 하지만 테스트 하는 이들에 따라 의견이 달라질 수 있기 때문에 최소한 3~4명에게서 테스트 받아보기를 권한다.

*Memo*

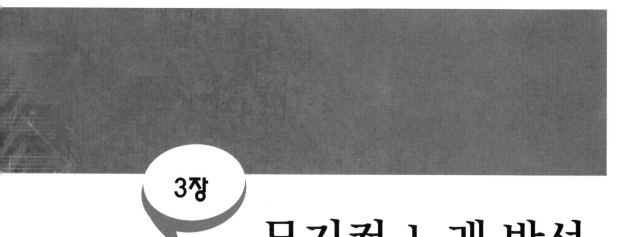

# 3장

# 뮤지컬 노래 발성

# 3장. 뮤지컬 노래 발성

 ## 1. 음정과 박자

우리가 듣는 아름다운 음악은 박자와 음정으로 만들어진다. 이것을 시각적으로 표현한 것이 악보이며 작곡가가 자신이 만든 음악을 다른 사람도 동일하게 연주하고 노래할 수 있도록 글로 쓰고 그림으로 그려서 표현한 것을 말한다. 이렇게 악보를 그릴 때 사용되는 박자, 음정, 음표, 빠르기 등의 기호를 악전(樂典)이라고 하며 노래를 부를 때에는 작곡가의 의도를 잘 파악하는 것이 중요하기에, 기본적인 악전은 알아둘 필요가 있다. 작곡가의 의도대로 아름다운 멜로디를 표현하기 위해서는 바른 정박의 개념도 알고 있어야 한다. 그렇기에 노래를 부르는 사람이라면 박자와 음정 정도는 맞춰 부를 줄 알아야 한다고 사람들은 생각하고, 노래를 잘 부르는 가수들은 음정과 박자가 아예 눈에 보인다고 말하기도 한다. 그들이 정확하게 짚어내는 음이나 박자 감각에 놀라곤 하는데, 그것은 그만큼 그들이 노력했다는 증거이다. 어떤 이들은 현대 음악은 정확한 타이밍으로 연주나 가창이 요구되는 시대로, 파트를 불문하고 음악만 듣고 박자의 정확한 위치나 음악의 속도가 몇 bpm(beats per minute)인지까지 알아내야 할 정도로 시간과 리듬에 대한 감각이 발달해야 한다고 말하기도 한다. 현대의 멜로디는 시간이 지날수록 화려하고 복잡해지고 있으며 테크닉과 기교가 극에 달해 있는데, 모든 가수들에게는 높은 수준의 가창력이 요구되는 시대이기도 하다. 따라서 악기든 노래든 최소한 악보에 나와 있는 대로 정확한 음정, 정확한 박자로 소리를 내는 것은 음악의 기초가 된다.

누가 미술은 공간의 예술이라고 했던가? 그렇다면 음악은 시간의 예술이라고 할 수 있다. 그 시간의 예술을 잘 펼쳐 보이기 위해서는 3~4분이라는 시간 안에서 악보에 마디를 쪼개고 정확하게 박자를 세어 음표를 붙이는 등 하나의 스토리를 담아내야 한다. 시간의 예술인만큼 가장 중요한 부분이 리듬, 박자, 음정이 된다. 이것 중 하나라도 무너지게 되면 처음 의도했던 노래가 아닌 다른 노래로 변하고 만다. 물론 의도적으로 편곡 등을 통해 바꾸는 경우가 있지만 그마저도 서로 간에 합의된 노래를 부르기 마련이다. 배우 혼자 이끌어가는 무대가 아닌 만큼 노래를 정확한 음정과 박자, 리듬에 맞춰 부르는 것은 기본 중의 기본이다. 당연한 이야기를 하고 있다고 할 수 있겠지만 음정과 박자를 정확하게 내는 것은 그리 쉬운 일이 아니다. 대충 어림짐작으로 맞춰보고 녹음된 반주에 노래를 해본다거나 피아노를 치면서 노래를 불러보는 식으로는 정확한 음정을 낼 수 없다. 따라서 이 훈련을 할 때에는 음정과 박자에 집중해서 노래를 불러야 한다.

# (1) 음정

음정을 한자로 보면 音(소리 음), 程(단위 정)이라고 해서 소리의 단위, 즉 높낮이를 말한다. 다시 말해 기준 음과 다른 음들 사이의 거리이기도 하다. 음정이 중요한 이유는 모든 음악 지식의 기초적인 역할을 하고 있기 때문이며, 화성학 관점에서 보면 한 번에 내는 두 개의 음 사이의 거리에 따라서 소리와 분위기가 달라진다. 어울리는 소리들은 따로 있고, 미묘한 느낌을 주는 어울림도 있다. 동시에 울리는 음정을 화성음정, 연속으로 울리는 음정을 가락음정이라고 부르는데, 이런 것들은 곡의 분위기를 결정짓게 하는 중요한 요소로 음정을 알아야 그에 맞게 노래를 부를 수 있게 된다. 특히 듀엣 이상에서는 화음을 통한 앙상블을 만들게 되는데, 이 화음도 음정을 모르면 할 수가 없다. 작곡가가 곡을 작곡했을 때의 의도했던 느낌으로 곡을 부르고 싶다면 반드시 필요한 부분이다. 그럼 좀 더 상세하게 알아보도록 하자.

### ① 음 이름의 나라별 표기

음계란 하나의 옥타브 안에서 음들을 높이 순서에 따라 단계적으로 배열한 음렬을 말한다. 주로 사용되는 음계는 하나의 옥타브 내에 온음 다섯 개와 반음 두 개, 이렇게 일곱 개의 음으로 이루어진 온음계적 음계이다. 음계를 구성하는 음 이름은 음의 진동수에 따라 일정하게 정해진 것으로 고유 명칭을 붙여 사용하며, 그 내용은 다음과 같다.

| 한국 | 다 | 라 | 마 | 바 | 사 | 가 | 나 |
|---|---|---|---|---|---|---|---|
| 이탈리아 | Do | Re | Mi | Fa | Sol | La | Si |
| 미국, 영국 | C | D | E | F | G | A | B |

이 중 가장 많이 사용되는 표기는 미국, 영국식이다. 이 일곱 개의 음은 피아노나 오르간의 흰건반에 해당하며, 자연음 또는 원음이라고 한다.

### ② 반음과 온음

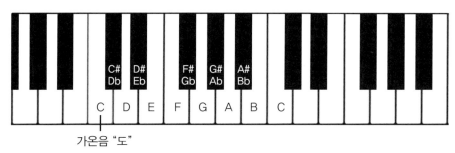

가온음 "도"

반음은 피아노 건반에서 한 칸 거리의 음정을 말한다. 그림에서 C와 C#의 거리가 반음이다. 중간에서 E와 F, B와 C의 거리도 건반 한 칸의 거리, 즉 반음이라고 한다. 우리가 듣는 대부분의 음악은 이 12개의 음으로 만들어진다. 온음은 피아노 건반에서 두 칸 거리의 음정을 말하며, 온음은 반음+반음의 간격이 된다. 우리가 잘 알고 있는 C major scale(다장조 음계)은 E음과 F음, B음과 C음은 반음 간격이며, 나머지 음들은 온음 간격으로 되어 있다.

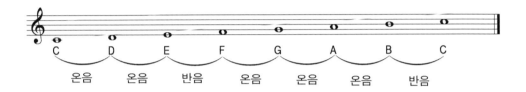

### ③ 임시표의 종류

❶ ♯ (샵) : 해당 음을 반음 올린다.

❷ ♭ (플랫) : 해당 음을 반음 내린다.

❸ ♯♯ (더블샵): 해당 음을 온음 올린다.

❹ ♭♭ (더블플랫) : 해당 음을 온음 내린다.

❺ ♮ (제자리표) : 올리거나 내린 음을 원래대로 돌린다.

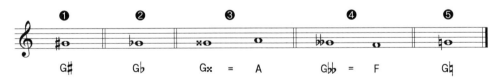

| key Sig. | Major Key | Minor Key | key Sig. | Major Key | Minor Ket |
|---|---|---|---|---|---|
| no sharp or flats | C major | A minor | 1 sharp | G major | E minor |
| 1 flats | F major | D minor | 2 sharp | D major | B minor |
| 2 flats | B♭ major | G minor | 3 sharp | A major | F# minor |
| 3 flats | E♭ major | C minor | 4 sharp | E major | C# minor |
| 4 flats | A♭ major | F minor | 5 sharp | B major | G# minor |
| 5 flats | D♭ major | B♭ major | 6 sharp | F# major | D minor |
| 6 flats | G♭ major | E♭ major | 7 sharp | C# major | A# minor |
| 7 flats | C♭ major | A♭ major | | | |

### ④ 음정 훈련하기

학생들에게 음정 수업을 하다보면 간혹 이런 질문을 받는다.

"음정을 제대로 내려면 무엇을 공부해야 하나요? 선생님 저는 음치인 것 같아요. 음정을 제대로 낼 수 없어요."

자신이 음치라고 생각하는 경우는 대부분 집중력 부족으로 음을 기억하지 못하여 정확한 음 소리를 내지 못하는 경우이다. 바른 음 소리를 내기 위한 연습은 피아노 음을 기본으로 한다. 피아노의 가온음 자리의 "도" 음정을 근음으로 해서 "레, 미, 파, 솔, 라, 시" 음을 짚어보면서 해당 음을 듣고 소리를 내본다. 이것을 청음 연습이라고 하는데, 음 하나하나를 듣고 기억하여 소리를 내는 연습을 한다. 이렇게 귀로 듣고 머리로 상상하면서 음을 내보고, 자신이 내는 소리를 들으려고 노력하면 점점 소리 내는 음이 정확해진다. 여기서 주의해야 할 점은 자신이 내는 소리가 자신이 듣는 음과 실제 다른 사람에게 들리는 음이 다를 수 있다는 점을 유의하면서 연습해야 한다.

노래에서는 호흡의 물리적인 힘(에너지)에 의해 음의 높낮이가 결정된다. 정확하게는 에너지를 받아 울리는 진동수의 높낮이에 의해 음정이 낮아진다. 음정은 울림에 따라 완전음정과 장음정, 단음정, 증음정, 감음정으로 나눌 수 있는데 완전음정은 1도, 4도, 5도, 8도이고 장음정과 단음정은 2도, 3도, 6도, 7도이다. 완전음정과 장음정을 반음씩 넓히거나 좁힌 것을 증·감음정이라고 한다.

필자는 음치는 없다고 생각한다. 음치의 문제점은 단지 집중력이 약하기 때문이라고 생각한다. 들리는 음을 생각하지 않고 급하게 소리를 내려고 하기에 급한 호흡으로 소리를 밀어내게 되면서 불안정한 소리를 내게 된다. 즉, 자신이 듣고 발성하려는 음과 실제 소리 내는 음이 다르기 때문에 부를 때 음을 내기 어려워지는 것은 당연하며, 제대로 소리 내지 못할까봐 불안감까지 겹쳐 그 현상은 더욱 심해진다. 이를 극복할 수 있는 방법은 음정 연습과 마찬가지로 듣는 연습과 들리는 음을 올바른 호흡을 통해 소리 내는 연습을 꾸준히 하는 것밖에 없다.

## (2) 박자

　고전 음악을 연주하던 바로크 시대에는 박자와 빠르기 자체를 연주자가 자신의 느낌이나 감동에 의해 연주 속도를 변화시키면서 연주했기에 작곡가의 의도와 다른 연주를 하기도 했다. 이런 연주자들을 리드하기 위해 지휘자의 필요성이 대두되었고, 초창기 지휘자는 템포를 알려주기 위해 지팡이로 바닥을 치며 박자를 알려주었다. 박자를 잘 맞추지 못한 연주자들에게 화가 난 지휘자가 흥분한 나머지 지팡이로 박자를 맞추다 자신의 발등을 찍기도 했다는 뒷이야기도 있다. 그 후 무거운 지팡이 대신 현재의 가벼운 지휘봉이 나타났다. 보다 정확한 연주를 요구하는 시대의 변화 속에 템포의 통일성은 더욱 요구되었고 모든 사람들이 쉽게 알 수 있는 박자기를 만들어 통일감을 찾게 되었는데, 그것이 바로 메트로놈이다. 이후에는 이 박자기를 토대로 정박을 찾아 연주하고 노래를 부르게 되었다.

　현대의 곡들은 더욱 음악적인 기량과 테크닉을 요구하고 있어 바른 박자와 음정은 필수적인 요소가 되었다. 표현에 변화를 주는 가수들도 있는데, 이 역시 정박의 정확한 개념을 아는 것을 기반으로 자신만의 느낌을 표현하는 것이다.

　예를 들어 슬픔과 사랑을 호소하는 느린 템포의 서정적인 발라드 곡을 부를 때, 보통은 정박을 생각하며 주어진 박자로 부르는 것이 정석이지만, 주어진 박자보다 약간 늦게 부르다가 마지막에 표시된 박자대로 끝내는 방법으로 부르면 음악적 표현이 더욱 슬프게 들리거나 더 깊은 호소력을 갖게 된다. 이런 식으로 자신의 느낌을 자유자재로 표현하며 부르기 위해서는 정박의 개념이 먼저 갖춰져야 하는 것이다.

### ① 박자 연습하기

　먼저 기본적인 박자의 개념에 대해 알아보자. 노래를 모르는 이들도 4분의 4박자나 2분의 2박자를 알고는 있다. 쉽게 말하면 4분의 4박자는 빠른 곡에 많이 쓰이며 2분의 2

박자는 느린 곡에 쓰인다. 구성을 살펴보면 4분의 4박자는 한마디에 4분 음표가 4개로 이루어지며, 리듬은 "강, 약 중강, 약"으로 이뤄진다. 이 박자의 노래는 규격화 되어 정형화된 느낌을 준다. 그만큼 안정감 있고, 그렇기에 가장 많은 노래에 사용되는 박자이다. 반면 4분의 3박자의 경우에는 정형화된 박자에서 변화가 생긴 것이기 때문에 불안정한 느낌을 갖게 된다. 그만큼 흥미로운 박자가 형성된다. 따라서 이 박자를 가진 노래를 보면 행진곡이라든지, 왈츠 등 마치 튀어나가야 할 것 같은 느낌의 곡들이 많다. 물론 4분의 4박자와 4분의 3박자의 잔잔하고 슬픈듯한 노래도 있으니 너무 한정되어 생각하지는 말자. 2분의 2박자는 한마디에 2분 음표가 2개이며 리듬은 "강, 약"이다. 4분의 4박자와 2분의 2박자는 길이가 같다. 다시 말해 2분의 2박자는 4분의 4박자보다 2배 느린 것으로 생각하면 된다. 그러나 빠른 재즈나 군가에 사용되는 박자이기 때문에 개념이 느리다고 해서 곡이 느릴 것이라고 생각하는 것은 오산이다.

이를 기본으로 악보에 나와 있는 박자를 지켜 정확하게 노래를 부르기 위해서는 먼저 박자를 나누는 훈련이 되어야 한다(혹자는 박자를 쪼갠다고도 말한다). 박자를 나누는 것이란, 4분의 4박자 노래를 부를 경우 하나, 둘, 셋, 넷을 세면서 한마디를 네 개로 나누고, 이를 박수를 치거나 발을 구르거나 탁자를 치며 박자를 맞추는 것을 말한다. 이렇게 박자를 나누는 연습 중에는 노래를 부르면서 녹음을 해 보는 방법이 좋다. 녹음된 노래를 박자를 세면서 들어보면 자신이 박자보다 앞으로 당겨서 불렀는지, 뒤로 불렀는지 확인해 볼 수 있다. 가장 좋은 것은 메트로놈을 이용하는 것인데, 일정한 시간으로 소리를 내기 때문에 박자를 익히는데 도움이 많이 된다. 방법은 메트로놈을 틀어놓고 스피커에서 나오는 메트로놈 소리를 본인이 박자를 맞추면서 박수를 치거나 탁자를 치거나 발을 구르는 소리가 메트로놈의 소리를 덮어버리면 박자가 딱 맞는 것이고, 안 맞으면 100% 빨리 치고 있거나 느리게 치는 것이기 때문에 이를 조금씩 맞추면서 박자를 세다보면 점점 메트로놈 소리에 정확히 맞출 수 있게 될 것이다. 이 연습은 난이도가 조금 있는 편이다.

그렇게 온음표(4박자) 연습을 했다면 이번에는 2분 음표(2박자)에 대한 훈련을 하고 4분 음표(1박자), 8분 음표(반박자), 16분 음표(반에 반박자) 등으로 줄어드는 박자를 맞추는 연습을 한다. 그 후에는 여러 가지 음표와 쉼표가 섞인 악보를 보며 연습을 시작한다. 박자를 맞춘다는 것이 쉬워보여도 실제로 해보면 익숙해지기까지 꽤 오랜 시간이 걸린다. 마치 박자의 '늪'에 빠져 허우적거리는 기분이 들 것이다. 하지만 어떠한 순간에도 노래를 부르고 있을 때에는 박자를 놓치지 말아야 한다는 것을 명심하도록 하자. '호랑에 굴에 들어가도 정신만 차리면 산다'라는 말처럼, 음악이라는 호랑이 굴에 들어온 이상, 박자라는 정신을 잃어버리면 안 된다. 다음은 박자를 이해하는데 필요한 것들을 정리해 두었다.

위 그림은 음표를 알기 쉽게 그려 놓은 것인데 악보를 보는 훈련을 반복해야 비로소 노래를 부를 때 완전히 내 곡으로 만들 수 있다. 처음엔 가사만 보고 노래를 부르게 되지만, 음표와 쉼표 그리고 여러 악상 기호들을 익히면 작곡가가 의도했던 전체적인 노래 스타일을 완성할 수 있게 된다.

뮤지컬 배우는 연기를 노래로 하며, 노래를 이루고 있는 것은 박자와 음정이다. 무박, 무음정의 노래는 있을 수 없는 것이기에 그만큼 노래에 있어 가장 기초적인 요소들이다.

| 음표(기호) | 명칭 | 박자 | 음표(기호) | 명칭 | 박자 |
|---|---|---|---|---|---|
| | 온음표<br>(whole note) | 한마디 | | 온쉼표<br>(whole rest) | 한마디 |
| | 2분 음표<br>(nall note) | 4분 음표의 x 2 | | 2분 쉼표<br>(nall rest) | 4분 쉼표의 x 2 |
| | 4분 음표<br>(quarter note) | 2분 음표의 1/2<br>8분 음표의 x 2 | | 4분 쉼표<br>(quarter rest) | 2분 쉼표의 1/2<br>8분 쉼표의 x 2 |
| | 8분 음표<br>(eight note) | 4분 음표의 1/2<br>16분 음표의 x 2 | | 8분 쉼표<br>(eight rest) | 4분 쉼표의 1/2<br>16분 쉼표의 x 2 |
| | 16분 음표<br>(sixteenth note) | 8분 음표의 1/2<br>32분 음표의 x 2 | | 16분 쉼표<br>(sixteenth rest) | 8분 쉼표의 1/2<br>32분 쉼표의 x 2 |
| | 32분 음표<br>(thirty-second note) | 16분 음표의 1/2<br>64분 음표의 x 2 | | 32분 쉼표<br>(thirty-second rest) | 16분 쉼표의 1/2<br>64분 쉼표의 x 2 |

▲ 음표 기호

| | | |
|---|---|---|
| 늘임표(fermata) | ⌢• | 음표 위에 표시가 되어 있을 때에는 해당 음표의 2배나 4배 정도의 박으로 늘려서 연주한다. |
| 마침표(pause) | 𝄐 | 겹세로줄 위에 있을 때에는 그 부분을 끝내는 마침표로 한다. |
| 도돌이표(repeat) | :‖ | 처음으로 되돌아가 한 번 더 반복 연주한다. |
| 도돌이표(repeat) | ‖: :‖ | 도돌이표 마디 안에서만 한 번 더 연주한다. |
| 1. 2. | | 도돌이하여 두 번째 연주 시에는 1. 을 빼고, 2. 로 건너서 연주한다. |
| 다 카포(da capo) | *D.C.* | 처음부터 다시 연주하여 *Fine* 또는 마침표까지 연주하고 마친다. |
| 피네(fine) | *Fine* | 연주곡이 끝나는 부분에 표시된다. |
| 페이드 아웃 (fade out) | *F.O.* | 반복된 소리가 점차적으로 사라지게 연주한다. |
| 스타카토(staccato) | ♪̇ | 음과 음 사이를 끊어서 소리낸다. |
| 악센트(accent) | > | 힘있게, 힘차게 소리낸다. |
| 붙임줄(tie) | ⌣ | 높이가 같은 2개 이상의 음을 하나로 붙여 연주한다. |
| 셋잇단음표 (triplet) | 3 | 2등분 할 음표를 3등분하여 연주한다. |
| 리타르단도 (ritardando) | *rit.* | 점점 느리게 |

▲ 기초 악상 기호

## 2. 노래 부르기

땅을 팔 때 삽으로 너무 깊이 파면, 한 번에 많은 흙을 옮겨야하기 때문에 힘이 많이 든다. 때문에 삽으로 땅을 팔 때에는 삽의 크기만큼 적당하게 옮겨야 하는 것이 원리이다. 마찬가지 원리로 노래를 부를 때 첫소리는 너무 깊게 내지 않는 법이다.

자기의 귓가에 작게 들리는 소리는 먼 곳까지 나아가는 소리이다. 올바른 발성 위치를 이용해 울림이 되었을 때 자연스러운 소리가 만들어지고 사용하는 호흡이 적기 때문에 보다 안정적으로 정확한 감정과 음정을 실을 수 있다. 반면에 자기에게 크게 들리는 소리는 자기 몸 안에서 울리는 소리이기 때문에 이를 구분할 수 있어야 한다.

흔히 초보자들은 긴장 등의 이유로 소리를 내지 못하고 억지로 큰 소리를 만들기 위해 지나치게 많은 호흡을 사용하거나 근육을 경직시켜, 심한 경우에는 가슴까지 억누르게 되는데, 그렇게 되면 몸 밖으로 나오는 소리가 빈약하고 탁한 소리를 내게 된다.

노래의 생명은 레가토(legato)이다. '아름답게'라는 뜻의 레가토가 우리의 목표이다. 따라서 빈약하고 탁한 소리는 절대로 내지 말아야 한다. 지금까지 수없이 많은 말로 호흡과 발성을 말했지만 이것은 다 레가토를 만들기 위한 것이다. 많은 사람들이 가수를 평가하는 기준으로 '선이 좋다'거나 '감정이 좋다'라는 말을 하는데, 이것은 레가토를 통한 부드러움과 제대로 된 감미로움에 관객들이 매료된 것이다.

노래를 부를 때 제대로 된 입모양을 만들고자 한다면, 거울을 보고 사과를 한 입 깨물듯이 소리를 내보면 된다. 그 때의 입모양이 노래를 부를 때의 입모양이다. 또 다른 자세로는 상하로 세워진 계란 모양을 만드는 것이다. 이때 자연스럽게 아래턱이 내려가도록 만드는 것이 중요하다. 혹은 계란 모양의 위쪽 부분인 위턱을 이용하여 사과를 깨무는 동작으로 소리를 내는 포인트를 찾는 것도 한 가지 방법이다.

또한 혀뿌리를 이완시켜 음을 삼킬 듯 마셔야 하며, 소리를 낼 때 공기를 밀어내지 말고 소리를 상하로 길게 서있게 하여, 후두에 힘을 빼고 넓게 만드는 것이 노래를 편하게 부르는 방법이다. 이때 시선은 초점을 잃지 말고 유지시킨다.

　지금까지의 설명으로 노래를 부르기 위한 준비가 되었다. 이제부터는 본격적으로 발성과 모음 훈련이 필요하다. 모음은 '아, 에, 이, 오, 우'를 말하는데, 이 다섯 개의 모음을 낼 때 입모양, 호흡, 자세가 모두 바뀐다. 소리를 내기 위해서는 입술, 혀, 인두, 연구개의 미묘한 작용으로 모음에 음(pitch)을 만들어 내야 하는데, 주의할 점은 후두에서 소리가 출발하는 것이 아니고 반드시 복식 호흡으로 단전의 힘을 이용하여 소리를 내며, 절대로 아래턱을 사용하지 않도록 주의한다. 이유는 턱과 혀, 입술을 이용해야 하는 모음은 소리와 질, 색을 어둡게 만들고 억눌리는 소리를 만들 수 있기 때문이다. 이것을 유념해서 아래턱을 사용하지 않도록 주의하면서 자연스럽게 모음 소리를 내기 위한 방법을 찾아야 한다. 그 방법들로는 벨트로 아래턱을 고정시키고 위턱으로만 모음을 내는 방법이나 와인 코르크 마개를 윗니와 아랫니로 물고 발음 연습을 하는 것, 볼펜이나 연필을 가로로 입에 물고하는 발음 연습 등이 있다. 이 방법들이 초기에는 효과적일 수 있지만 지나치게 의존도가 높은 경우 부작용이 생기기 쉽다. 본질적인 소리를 내는 근육들을 굳게 만들거나 작은 근육들이 작은 역할에서 큰 비중을 가지게 될 수 있어 실수를 범할 수 있으니 너무 의존하려 하지 말고 방법을 터득하는 것에만 만족해야 한다. 특히 발음하기 까다로운 '이' 모음을 낼 때에는 손가락을 사용하여 윗니와 아랫니 간격을 점검하는 정도만 확인하며 훈련한다.

▲ 아래턱에 힘을 빼고 위턱(경구개)으로만 소리를 내는 방법

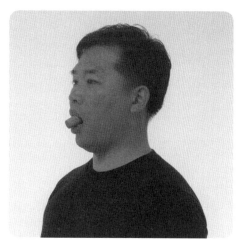

▲ 와인 코르크 마개를 이용한 발음 연습

▲ 손가락 크기만큼 턱 관절의 간격을 확인하는 발음 연습

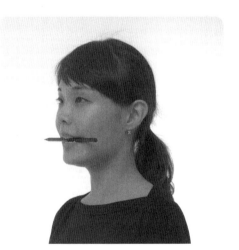

▲ 볼펜이나 펜을 이용한 발음 연습

모음 '오'는 아래턱을 위로 치켜들고 깊은 단전의 에너지로 소리어택을 한다. 입모양은 '오' 모음의 모양으로 동물(특히 고릴라) 소리를 내다가 어느 정도 소리의 빛깔을 찾게 되면 정면에서 하늘로, 다시 정면으로 얼굴을 조금씩 아주 느리게 이동하면서 소리를 낸다.

'아' 모음은 다섯 개의 모음 중에 음이 가장 플랫(b)되기 쉬운 모음이다. 너무나 편하게 내는 모음이 '아' 발음인데, 사실은 가장 조심해야 하는 모음이 '아' 모음이다. 나라별 언어에 영향을 많이 받는 '아' 모음은 우리나라의 경우 발음을 내는 입술음의 포인트가 밑에 있기 때문에 정확한 소리를 내기 어려운 편이다. 반면 가까운 중국은 언어의 포인트가 항상 높은 위치에 있어서 노래를 부르기가 쉽다. 모음 '아'를 쉽게 잘 내는 훈련 방법은 목젖의 공간을 넓게 하고 혀뿌리를 밖으로 빼내듯이 입을 크게 벌려서 내미는 것이다. 이 상태에서 '아' 소리를 복식호흡의 힘으로 소리를 만들어 낸다. '아' 모음의 소리가 자연스럽게 되면 계란모양의 입모양으로 소리를 내는 연습을 한다. 이렇게 '이, 오, 아' 모음 연습이 잘되면 열린 모음인 '에'와 '우' 발음을 같은 포인트에 붙여서 낸다. 즉 모든 모음을 내는 포인트는 한 곳에서 시작되며, 동일한 호흡을 통해 발음상으로 필요한 약간의 입모양만 변하는 것이 전부이다.

## 3. 고음내기

　노래를 시작하는 많은 이들이 가장 고민하는 부분은 아마도 고음처리일 것 같다. 나 역시 처음에는 고음 발성에 대해 궁금해 했고, 그 매력에 빠진 적도 있었다. 지금에서야 고음은 단지 노래의 극히 작은 일부분인 것을 알지만, 당시에는 남보다 뛰어나게 고음을 내고 싶었던 마음이 있었다. 노래를 시작하는 이들에게 고음을 잘 내고 싶은 욕구는 자연스럽게 생기기 마련이다. 자, 지금부터 고음을 내는 방법에 대해 이야기 해 보도록 한다.

　고음을 부르기 위해서는 먼저 고음의 원리를 이해해야 한다. 높은 음이란 음의 진동수가 높다는 것을 말한다. 물체가 진동하게 되면 그와 접해 있는 공기 또한 함께 진동하게 되는데, 이 공기의 진동이 우리의 귀를 통해 음의 높이를 알게 되는 것이다. 우리 몸에서 이 진동을 담당하는 기관은 바로 성대이다. 즉 성대의 진동을 통해 음의 높이가 결

◀ 고음내기

정된다고 할 수 있다. 흔히 높은 음을 낼 때 팔세토로 내게 되는데, 어떤 이들은 두성이나 강한 가성을 내면 된다는 식으로 이야기 한다. 두성이나 강한 가성은 단순히 음을 증폭시키는 방법일 뿐 근본적으로 음의 높이는 이 성대의 진동에 의해 결정된다. 일반적으로 성대 근육을 느슨하게 이완시켜 낮은 진동을 일으키면 낮은 음을 내게 되고, 긴장하여 성대의 문이 조여지면 높은 진동의 음을 얻을 수 있는 것이다. 우리가 높은 음에서 목이 조여지는 느낌을 받는 것은 성대의 수축운동 때문이고, 높은 음일수록 성대의 문이 긴장 정도가 강해져서 호흡이 빠져나오기 어렵기 때문에 일반적인 발성으로는 큰 성량의 고음을 낼 수가 없는 것이다.

성대의 진동과 더불어 중요한 것이 바로 호흡이다. 여기서 말하는 호흡은 폐를 통해 입 밖으로 공기가 빠져 나가는 기류를 말한다. 이때의 호흡은 음의 성질 중에서 진폭에 영향을 미치게 되는데, 이 호흡의 압력이 높을수록 높은 진폭의 소리를 낼 수 있게 된다. 즉 호흡의 압력이 높을수록 더욱 큰 소리를 얻을 수 있다는 말이다. 저음에서는 큰 소리로 잘 부를 수 있지만 고음으로 갈수록 목소리가 기어들어가는 사람들이 있다. 이는 고음으로 갈수록 더욱 큰 호흡의 힘을 필요로 하는데, 이때 필요한 근육들이 훈련되어 있지 않은 사람은 일정하고 높은 호흡의 힘을 유지하기 어렵기 때문에 성량이 줄어드는 것이다.

호흡과 더불어 중요한 것은 바로 적당한 음의 공명이다. 멀리 있는 사람에게 소리를 전달하기 위해 양 손을 동그랗게 말아서 입에 대고 말하는 경우가 있다. 이것은 사방으로 퍼지는 소리를 한 곳으로 모아 효과적으로 전달하기 위한 행동이다. 이것을 공명이라고 부른다. 공명은 성대를 통해 발생한 음의 파장을 음성기관을 통해 한 점에 모아 증폭시키는 것으로 작은 힘으로도 큰 소리를 내는 노래를 부르기 위해 매우 중요한 기술이다.

즉 고음을 내는데 있어 필요한 것은 높은 진동을 만들어 내는 성대와 강한 호흡의 유지, 그리고 효과적인 공명의 활용이다. 사실 앞장에서 이러한 부분들은 발성과 호흡 그리고 팔세토 등으로 연습해 왔다. 즉 자신도 모르게 고음으로 부를 준비가 된 것이다.

고음을 내는 방법으로는 첫 소리의 포인트를 잡고 그것을 기준 삼아 음을 떨어뜨리지 않도록 조심해야 한다. 가장 높은 음정이라도 첫 소리의 포인트를 잊지 말아야 하며, 이 때 첫 소리는 깊이 내지 않도록 한다. 앞에도 말했지만 삽으로 땅을 너무 깊게 파게 되면 다음 삽질을 할 때 어렵듯이, 소리도 너무 밑으로 내면 다음 소리를 내기 힘들기 때문이다.

또한 소리는 단독으로 움직이지 않고 항상 호흡에 실려 움직인다. 따라서 더 높고 더 멀리 보내기 위해서는 호흡의 힘이 절대적으로 필요하다. 도, 미, 솔 음정에서 '도'보다는 '미'가, '미'보다는 '솔'이 높은 음이므로 높은 음에 올라갈수록 그에 맞는 에너지가 필요하듯이 말이다.

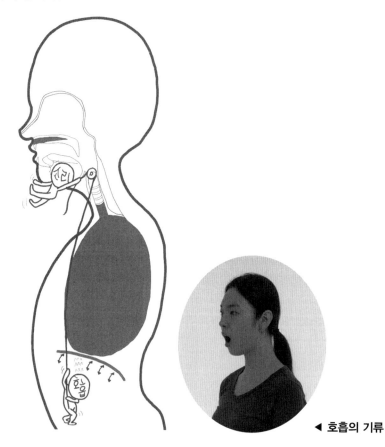

**◀ 호흡의 기류**

고음을 잘 내기 위해 몸 전체를 이용하는 훈련 방법이 있다. 높은 음역에 도달하자마자 상체를 몸 앞으로 떨어뜨려(구부리며) 두성으로 소리의 포인트가 가도록 하는 것이다. 소리 내는 근육을 사용하는 데 있어 높은 음을 낼 때, 중력을 이용하는 것은 좋은 방법이다. 그 순간에도 흉성과 두성을 함께 이어주는 부비강(sinus)을 이용하여 배음을 만들어야 한다.

즉 저음이든 고음이든 소리를 낼 때에는 반드시 호흡과 울림 공간에만 의존해야 한다. 그래야 감정적, 심리적으로 표현력 있는 화려하고 풍부한 고음 소리를 만들어 낼 수 있다.

▲ 고음 포인트를 찾기 위해 중력을 이용하는 모습

고음에 실패하는 이유를 살펴보면,

첫 번째는 긴장 때문이다. 평소 고음을 자유롭게 낼 수 있는 사람들도 긴장으로 인해 소리를 내지 못하는 경우가 있다.

두 번째는 호흡의 실패이다. 노래를 부를 때 사용되는 성대는 두 가지로 나눌 수 있는데, 진성대와 가성대이다. 모든 사람들이 가장 힘들게 생각하는 것은 진성대를 이용한 고음인데, 단순히 구개공명을 통해 소리 내는 것은 울림의 사다리를 타고 다음 울림 공간으로 옮겨가기 위해 더 많은 호흡이 필요하다. 왜냐하면 울림소리들은 혀와 목구멍으로부터 도움을 받으려는 경향이 크기 때문이다. 중간 음역대에서 고음 음역대로 도약할 때 자연스러운 호흡이 준비되지 않아 부비강(두개골 속의, 코 안쪽으로 이어지는 구멍)과 전두엽, 상악동 등에 울림을 줄 수 없으면 원하는 고음도 얻기 힘들다.

◀ **공명의 단계**

세 번째는 포인트를 옮기려는 생각이다. 고음 도약을 위해 고음 바로 앞 음의 호흡조절이 필요한데, 고음을 위해 목을 지나치게 열어 버려서 소리의 포인트가 바뀌거나, 중음역대 소리를 포인트를 가지고 소리를 잘 내다가 포인트를 버리고 다시 소리 포인트를 찾으려고 하면 자연스러운 고음을 낼 수 없다.

마지막으로 입으로 가는 통로를 찾지 못하고 소리가 코로 가면서 울리는 소리는 고음을 내기 어렵다. 콧소리의 현상은 연구개를 사용하지 못하게 막고, 혀뿌리가 목구멍을 조이면서 마치 비좁은 관을 통과하듯 코로 전달되는 것인데 소리가 매우 빈약하고 억눌리는 울림소리를 갖게 한다.


사실 모든 사람에게는 공평하게 주어진 음역대가 있고 누구나 고음을 힘들지 않게 부를 수 있었다. 그것은 유아기 때 자신도 모르게 하던 복식 호흡을 통해서이다. 하지만 유아기를 지나 성인이 되면서 복식호흡은 흉식호흡으로 변하면서 고음을 내기 어려워한다. 노래를 부를 때 쓰게 되는 신체의 부분들을 훈련함으로써 움직임에 익숙해지는 것은 아무리 이야기해도 부족함이 없다. 자전거의 바퀴에 기름칠을 하듯 부드럽고 익숙하게 노래에 필요한 기관들을 움직이는 방법을 터득해야 한다.

# 4. 음정과 레퍼토리 선곡

뮤지컬에서 가장 중요한 것은 노래이다. 뮤지컬은 관객들과 호흡하고 새로운 세상으로 인도하여 기쁨과 즐거움을 주지만 공연이 끝나고 나면 사람들 머릿속에 남는 것은 노래뿐이다. 뮤지컬이 사랑받는 이유는 다른 종류의 어떤 공연보다 음악을 통해 관객의 영혼을 맑게 해주기 때문이다. 물론 많은 사람들은 좋은 극본이나 연출 그리고 디자인도 있다고 의견을 제시할 수 있다. 하지만 다른 문화의 매체는 목적을 위해 만드는 과정에서 포장하거나 순수성을 잃고 거짓말을 할 수 있지만 음악이 흐르는 시간만큼은 거짓이 허용될 수 없고, 오직 마음의 상처를 치유하는 순수성이 가득 차게 된다. 음악은 뜻을 모를지라도 마음과 정신으로 통할 수 있는 세계 유일의 공통어이다.

하지만 노래를 잘 부르기 위해서는 인내와 끈기가 필요하다. 하루아침에 이루어지는 최고는 없듯이 수많은 음들을 분석하고 연습하여 내 것으로 만들어야 한다. 뮤지컬 노래를 위한 준비된 발성과 호흡을 바탕으로 음계연습과 연습곡을 통해 각종 오디션과 연주를 위한 레퍼토리를 준비해야 한다.

## "네 머리는 돌 머리도 아니고 철로 된 머리야"

음악 공부를 시작한지 얼마 되지 않아 소리 공부에만 빠져 있을 때 들은 말이다. 사실 그때 나는 호흡과 발성이 잘 되지 않았기에 노래는 발성이 완벽하게 되었을 때 하려고 했는데, 선생님에게는 그저 시간만 때우려는 학생으로 오해를 받기도 했다. 그저 발성이 잘 되면 모든 것이 잘 될 거라는 생각에서였다. 그 분은 이 어리석은 제자를 이해시키며 말씀하시길 발성만 된다고 노래를 잘 부를 수 있는 것이 아님을 설득하셨다. 발성과 함께 발성을 소화할 수 있는 쉬운 곡을 선곡하여 곡이 완성되면 조금씩 점차 어려운 곡으로 연습하면서 한 곡씩 완성하다보면 나에게 맞는 발성과 레퍼토리 모두 좋아질 거라고 말씀해주셨다.

자기 고집만을 주장하며 선생님이 지도하는 발성 방법이나 노래를 자기 멋대로 하려고 하는 자세, 혼자서 선생님의 역할을 다하면서 자아도취에 빠져있는 노래 연습 방법은 절대로 옳지 않다. 시간이 흐르면서 돌머리와 철머리를 외쳤던 선생님을 이해하기 시작했고, 이러한 수업 방법을 호흡, 발성에 대한 훈련에 적용시키자 노래에 대한 자신감을 갖게 한다는 것을 깨닫게 되었다. 나도 그 때의 선생님처럼 학생을 지도할 때 처음부터 어렵지 않은 곡을 선곡하여 지도하고, 한 번에 여러 곡을 주지 않고 한 곡씩 완성시키며 노래 부르는 능력을 향상시킬 수 있도록 가르친다.

노래를 잘하기 위해서는 우리의 몸을 악기로 만들어 연주를 잘해야 한다. 따라서 레퍼토리 선곡은 학생의 목소리 색깔과 음역, 성격의 특징을 고려해서 정해야 한다. 선곡된 곡은 리듬, 박자, 음정을 기본적으로 연습하고 본인에게 쉬운 모음을 선택해서 가사 없이 선택한 모음으로만 발음하면서 음정과 박자에 맞춰 연습한다. 이렇게 모음 연습을 끝낸 후 음정에 가사를 붙여서 반복 훈련을 통해 발성기관과 근육에 서서히 습관이 배도록 한다. 다음 단계는 자음, 모음의 변화와 도약을 중심으로 보다 세련되게 발성할 수 있도록 훈련한다. 이 반복 연습을 통해 모음은 더욱 선명하고 자음은 더욱 정확하게 발음하게 된다.

노래 연습 초기에 중요한 것은 생각하고 고민하는 것이다. 마치 기계처럼 생각 없이 그냥 연습만 하면 생명력 없는 무의미한 소리를 갖게 된다. 항상 좋은 습관이 몸에 밸 수 있도록 집중, 반복하는 훈련과 실수하고 불안했던 음정들을 고치려고 노력해야 한다.

뮤지컬 배우는 철저한 자기분석과 꾸준한 발성 훈련, 호흡의 지탱, 음의 높낮이 꾸미는 음, 그리고 감정이입까지 급하게 서두르지 말고 천천히 연습해야 한다. 또한 음과 음 사이가 끊어지지 않고 유지될 수 있도록 호흡으로 지탱하며 부드럽게 부르는 레가토(legato) 연습을 해야 한다. 아주 빠른 곡도 음정이나 박자, 가사의 발음이 정확해질 때까지 느리게 연습해야 하며 몸에 밴 습관이 조건 반사적으로 반응할 때까지 준비하고 훈련되어야 한다.

훈련 시 반드시 준비된 곡으로 연습해야 하는 이유는 올바른 발성으로 부를 수 있을 때까지 반복적인 훈련을 해야 하기 때문이다. 많은 곡을 잘 부르는 것이 중요한 것이 아니라 한 곡을 불러도 좋은 노래를 부르는 것, 이것이 중요하다.

새로운 곡을 받은 학생들이 종종 범하는 실수가 있다. 연습곡을 주면 음반을 통해 한두 번 들어보면서 곡의 분위기를 파악하고는 음정과 박자, 리듬 연습과 함께 가사와 발성 그리고 감정을 올바르게 해석하여 자신만의 노래로 완성하는 작업들을 거치지 않고, 대충 동영상을 통해 쉽게 음정을 습득하고 가사와 감정, 노랫소리를 모방하려고만 한다. 이것은 아무리 아름다운 노래로 완성한다고 해도, 자신만의 특별한 소리를 버리고 발성부터 감정까지 타인의 것으로 굳어지게 되고, 정신적으로나 신체적으로 쉽게 바꿀 수 없는 결과를 초래한다. 이 때문에 다시 강조하지만 발성과 노래 부르는 방법은 뮤지컬 발성을 올바르게 지도할 수 있는 선생님과 함께 훈련을 해야 한다.


## (1) 연습곡 익히기

발성수업이 2~3개월 지나 어느 정도 학생이 발성적인 호흡의 효과를 느끼게 된다면 발성과 호흡을 연습곡에 접목하는 훈련을 시작한다. 첫 선곡에 주의할 점은 학생의 기량에 맞는 곡을 선택하며 음정 도약이 심하지 않은 쉬운 연습곡으로 골라야 한다.

곡을 익히는 방법은 첫째, 가사를 소리 나게 읽어 본 후 눈이나 연필로 나만의 방법으로 표시하여 가사를 리듬과 박자에 맞추면서 분석해 본다.

둘째, 가사를 박자에 맞게 발음해 본다. 이때 울림통 포지션에 발음을 붙여서 내는 것을 잊지 말자. 특히 당김음은 리듬과 악센트를 구분하여 선율 및 억양을 정확하게 맞추는 연습을 한다.

셋째, 박자와 발음 연습이 어느 정도 완성되었다면 음정 연습을 시작하는데, 좋은 피아노 연주자와 함께 연습을 하는 것이 가장 바람직하지만 상황이 여의치 않을 때에는 반주를 녹음(MR)하여 음을 익히는 것도 괜찮은 방법이다. MR을 만들 때에는 정확한 음을 확인하기 위해서 원하는 속도보다 적당히 느린 속도로 녹음한다. 어느 정도 숙달되면 악보에 기재되어 있는 대로 정박 속도로 연습한다. 간혹 이 방법도 어려워서 음반으로 연습을 하는 경우가 있는데, 음반으로 연습할 때에는 가수의 노래를 듣고 부르기 때문에 자신도 모르게 모창을 하게 되는 경우가 종종 발생한다. 게다가 음반으로 나온 곡의 경우에는 작곡가의 의도보다는 가수의 소리에 맞춰 편곡이 되기 때문에 키도 다르고 박자도 달라지는 경우가 생긴다. 가능하면 오리지널 악보를 가지고 악보에 나온 대로 연습하기를 권한다.

넷째, 마지막으로 연습곡을 암보한다. 무대에 서면 긴장으로 인해 가사를 잊어버리는 실수를 범할 수 있으므로 철저하게 연습하여 어떠한 상황에서도 가사를 잊어버리지 않는 훈련을 해야 한다. 좋은 훈련 방법으로는 거울을 보고 연습하는 것인데, 거울에 비치는 자신을 바라보면 무대에서 관객을 보고 노래하는 것과 같은 효과를 얻을 수 있어 이상적이다.

또한 물건이나 책을 보면서 큰소리로 연습곡을 노래하면서 입 근육에 기억되도록 하는 훈련도 효과적이다. 모든 페이지를 한 번에 암보하려고 하기보다는 한 페이지씩 암보하는 것도 좋은 방법이다. 이와 같이 곡의 암보를 통해 박자와 음정, 리듬과 억양, 자신의 음색과 에너지, 감정 표현 등을 철저하게 연습하다 보면 언제 어느 때라도 자신 있게 노래를 부를 수 있게 된다.

## (2) 연습곡으로 많이 사용하는 곡들

그럼 이제 본격적으로 노래를 선곡해서 올바른 발성을 노래에 적용하는 훈련에 대해 알아보자. 그 전에 체크할 사항은 다음과 같다.

첫째, 자신의 목소리 타입(소프라노, 메조소프라노, 테너, 바리톤, 베이스)과 음역대를 정확하게 확인한다. 앞으로 부를 노래를 선택함에 있어 목소리 타입을 결정하는 일은 대단히 중요한 일이다. 특히 테너와 하이 바리톤을 구분하는 경우가 가장 까다롭다. 또한 대부분 여성 배우의 목소리는 소프라노인 반면 음역대가 높지 않은 경우도 많기 때문에 이를 잘 구분할 수 있어야 한다. 좋은 선생과 함께 충분한 발성 훈련을 하면서 소리의 빛깔을 찾고 소리의 강약을 검토하여 타입을 결정해야 한다. 선천적으로 소리를 타고난 사람이 있는가하면 전혀 그렇지 않은 경우도 있으므로 자신이 낼 수 있는 음역대를 감안해서 반음이나 한음 정도 높은 곡을 준비하여 연습에 들어간다.

가르치는 선생님에 따라 선곡 스타일이 다르긴 하지만, 처음부터 어려운 곡을 선곡하여 완성하면 다음 곡을 쉽게 익힐 수 있다는 의견은 조심하길 바란다. 틀린 말은 아니지만 이것은 노래하는 학생의 열정에 의해 결과가 좌우된다. 힘든 곡에 따른 노력과 실패에 대한 과부하로 자신을 믿지 못하고 아예 노래 자체에 흥미를 잃어버리는 경우도 있다. 따라서 역량이 뛰어난 학생이 아니라면, 쉬운 곡부터 차례로 완성해 나가기를 권유한다.

둘째, 학생 스스로의 성격과 감성에 대한 파악이다. 강하고 카리스마 있는 성격의 학생에게 청순하고 여린 곡에 대한 훈련은 좋은 효과를 얻기 힘들다.

셋째, 음악성이다. 박자 감각이나 음감에 대한 역량 여부와 기본적인 음악 이론을 습득하고 있는지를 감안하여 신중하게 연습곡을 선곡한다.

그럼에도 주로 연습곡으로 사용되는 곡은 있기 마련이다. 가장 많이 사용되는 곡들을 여성과 남성으로 분류하여 초급, 중급, 고급 형태로 분류해 보았다. 또한 초급에 대해 상세한 분석을 해 놓았으니, 중급과 고급 단계의 선곡은 초급 단계와 같은 방법으로 분석하면 된다.

### ■ 여성 노래 레퍼토리 초급

다음은 노래를 많이 접하지 못한 초보 여학생들에게 연습곡으로 훈련하기를 권하는 곡들이다.

① Once upon a Dream – 지킬 앤 하이드(엠마)
- 내용 : 지킬박사의 약혼자인 엠마는 자주 만나지 못하는 지킬의 사랑이 식은 줄 알고 아름다운 추억을 떠올리며 다시 사랑이 돌아오기를 호소하는 내용이다
- 특징 및 주의사항 : 곡이 길지 않기에 접근성이 높은 곡이다. 특히 음역대가 높지 않고 급한 도약 부분이 몇 군데 안 되며 순차 진행하는 곡으로 초보자에게 매우 적합하다. 하지만 노래가 쉽고 잘 알려진 곡이라 부르다 보면 자신만의 스타일을 찾고자 하는 욕구가 생기기 쉽다. 이 곡은 초보자들을 위한 곡으로 선택한 것이니 반드시 초기 연습 시에는 원본의 박자와 음정 연습을 충분히 한 후에 자신의 스타일을 찾아서 노래한다.
- 소리 타입 : 소프라노로 비교적 청순한 목소리를 가진 학생에게 추천한다.

② I Don't Know How To Love Him – 지저스 크라이스트 슈퍼스타(막달라 마리아)
- 내용 : 기독교 성경상의 예수님의 행적에 대한 이야기를 소재로 사마리아 여인 막달라 마리아가 간음으로 돌로 맞아 죽게 되는 상황에서 예수님이 "여기에서 죄가 없는 사람은 이 여인을 돌로 쳐라."라는 말씀에 사람들은 자기의 죄를 생각하며 모

두들 돌을 버리고 돌아간다. 그 후 막달라 마리아는 예수님께 감사하고 사랑으로 따르게 되는 모습을 그린 곡이다.

- 특징 및 주의사항 : 음역대가 높지 않으며 도약이 순차적으로 진행되어 박자를 습득하기 수월한 곡이다. 특히 반복구로 구성되어 있어 쉽게 암보할 수 있다.
- 소리 타입 : 메조소프라노의 음색을 가지고 있는 학생들에게 추천한다.

### ③ 사랑이라 믿어도 될까요 – 영웅(링링)

- 내용 : 드라마는 안중근이 이토 히로부미를 저격한 후, 법정에서 자신의 주장을 굽히지 않다가 죽음을 맞게 되는 단선적인 이야기이다. 거사를 위해 기숙하는 집 주인의 딸 링링이 위급한 상황의 안중근 대신 총을 맞고 죽어가면서 안중근에게 사랑을 고백하는 곡이다.
- 특징 및 주의사항 : 4분의 3박자의 리듬으로 구성되어 있어 3박자의 곡을 연습할 수 있는 곡이다. 애절한 사랑을 호소하는 애잔한 멜로디가 특징이다. 곡은 길지 않지만 감성이 많이 요구되는 곡으로 감정이입을 배울 때 많이 사용되는 곡이다. 음역대는 높지 않지만 도약이 중간 중간에 위치하고 있어 생각보다 부담스러울 수 있다. 악보의 정확한 음을 확인한 후에 훈련을 시작하도록 한다.
- 소리 타입 : 소리가 약한 소프라노나 메조소프라노에 적합한 곡이다.

### ■ 여성 노래 레퍼토리 중급

### ① On My Own – 레미제라블(에포니)

- 내용 : 거리의 소녀 에포니는 사기꾼 테나르디 부부의 딸이다. 그녀는 옆집에 살고 있는 대학생 마리우스를 사모하며 순수한 사랑을 키워간다. 그러던 어느 날 마리우스가 코제트를 사랑한다는 것을 알게 되고, 마리우스에게 코제트를 만날 수 있는 장소를 알려준다. 거리에 혼자 남은 에포니는 '나 혼자 한 사랑'이라며 자신의 사랑

을 홀로 고백하는 슬픈 사랑의 노래이다.

- **특징 및 주의사항** : 음역대가 높지 않아 부르기에는 수월하지만 급한 도약이 몇 군데 있다. 또한 감정의 표현을 순차적으로 진행하면서 세 부분에서 열정적인 표현을 해야 하는 곡이다. 또한 곡 자체가 짧지 않기 때문에 적절한 호흡의 안배를 통해 크레센도의 악상을 잘 표현해야 한다. 4분의 4박자에서 16분 음표 스케일 부분의 음정이 미끄러질 수 있으므로 첫 리듬의 16분 음표에는 약간의 악센트를 주면서 노래를 부른다. 아울러 리듬에서 부점(싱커페이션)과 8분 음표의 느낌을 구분해서 불러야 하니 이 점 역시 주의하자.

- **소리 타입** : 음역대가 높지 않기 때문에 고음이 약한 소프라노나 약간 굵은 목소리를 가진 소프라노가 부르기에 적합한 노래이며, 메조소프라노에게도 잘 어울리는 곡이다.

## ② I Dreamed a Dream - 레미제라블(판틴)

- **내용** : 코제트의 엄마역인 판틴은 여관에 맡긴 딸 코제트의 양육비를 마련하기 위해 일했던 공장에서 동료들의 모함으로 직장을 잃게 된다. 그녀는 어떻게든 양육비를 마련하기 위해 거리로 나가게 되는데, 이빨을 뽑고 머리카락도 자르다가 결국에는 사창가에서 몸까지 팔게 되는 자신의 신세를 한탄하며 부르는 비탄의 아리아이다.

- **특징 및 주의사항** : 이 노래는 감정의 표현이 매우 강하게 부각되는 곡이다. 가련하고 모성애 강한 모습을 표현하는 동시에 세상의 모든 것을 포용하는 모습으로 가사를 표현해야 한다. 음역대가 높지 않으면서도 앞부분이 반복구 형식으로 구성되어 있어 반복 부분의 지루함을 피하기 위해 반복 시 구분하여 다르게 부르는 것이 필요하다. 처음에는 약하게 부르다가 반복될 땐 드라마틱하게 부르는 것이 좋다. 이때 부점(싱커페이션)을 이용해 감정 표현을 하면 더욱 좋은 효과를 얻을 수 있다. 또한 깊은 호흡소리를 이용해서 감정 표현을 해야 한다. 노래에 무게감이 느껴질 수 있어야 하므로 반드시 깊은 호흡소리가 필요하며 호흡이 떠 있는 상태에서는 노래의 맛을 느낄 수 없는 곡이다.

- 소리 타입 : 메조소프라노가 부르면 좋으며, 허스키한 목소리를 가진 소프라노도 잘 어울리는 곡이다.

### ③ 난 예술가의 아내라 – 모차르트(코스탄쟈)

- 내용 : 욕심과 질투가 많은 코스탄쟈는 남편인 모차르트가 작곡에만 매달리고 자기에게는 관심을 가지지 않게 되자 속상해 한다. 이 곡은 아내의 의무로 남편을 돕지만 오페라 가수라는 자신의 꿈을 포기하지 못하고 신세를 한탄하는 슬프고 답답한 느낌의 강하면서도 격한 노래이다.
- 특징 및 주의사항 : 음역대는 높지 않은 곡이지만 곡이 길기 때문에 다소 지루할 수 있다. 이를 위해 곡의 초반부에서 중반부로 넘어갈 때 감정의 변화를 주면서 템포가 변하는데, 이때 다이내믹한 표현을 요구하는 곡이다. 4분의 4박자에서 16음표의 길이와 셋잇단음표를 잘 구분하여 노래해야 한다. 앞서 언급했듯이 도약이 많지 않아 지루해질 수 있는 곡임을 주의하면서 4분의 4박자의 리듬감을 잃지 않도록 한다.
- 소리 타입 : 소리가 약하고 음역대도 낮지만 소리가 예쁜 소프라노에 어울리는 곡이다. 리릭 소프라노에 적합하다.

### ④ 온 세상 내 것이었을 때 – 몬테크리스토(메르체데스)

- 내용 : 친구들의 계략으로 살아서는 나오지 못하는 감옥에 갇히고 만 에드몬드를 몹시 그리워하는 메르체데스. 이 곡은 그런 그녀가 에드몬드와의 사랑의 추억을 잊지 못하고 울부짖으며 부르는 노래이다.
- 특징 및 주의사항 : 심리적 감정의 변화가 있는 곡으로, 순차적으로 5도, 6도, 7도의 도약 부분을 잘 진행해야 한다. 한편으로는 에드몬드와의 사랑을 추억하는 장면을 호소력 있게 애잔한 느낌으로 표현해야 하는 곡이다. 특히 높은 도약 부분을 표현할 때 소리의 포지션을 잃지 않으면서 항상 정확한 음정에 도달하도록 해야 한다.

• 소리 타입 : 리릭 소프라노에게 적당한 곡이다.

⑤ 당신을 기억합니다. 황후마마여 – 영웅(설희)

• 내용 : 궁녀 설희는 9살 때 모시고 있던 명성황후의 시해 장면을 목격하고 옥호루에서 겨우 살아남게 된다. 그 후 세월이 지나 어느덧 23살이 된 설희가 과거의 사건을 떠올리며 안타깝게 죽은 황후마마에 대한 그리움과 슬픔을 표현하는 노래이다.

• 특징 및 주의사항 : 8분의 12박자의 곡으로 4박자 계열의 리듬을 가지고 그리움과 증오와 분노를 표현해야 하는 곡이다. 특히 긴 음표를 사용하여 정적인 면을 긴 호흡의 느낌과 리듬감을 잃지 않고 불러야 한다. 악보 중반부와 템포 및 조성이 바뀌는 후반부에서 절묘하게 클라이맥스 부분을 표현해야 한다. 한편, 8분의 12박자에서 한 박자 안에 세 개의 8분 음표의 빠른 템포에서 음정이 무너질 수 있으니 주의한다. 첫 번째 8분 음표에 가볍게 악센트를 주어서 노래하면 올바른 스케일의 느낌을 전할 수 있다.

• 소리 타입 : 리릭 소프라노에게 적합한 곡이다

⑥ Someone like You – 지킬 앤 하이드(루시)

• 내용 : 불우한 시골 가정에서 태어난 루시는 도시의 선술집에서 춤추고 노래하고 주정꾼들에게 몸을 팔면서 생활한다. 그래서 상처도 많이 입고 남자에 대한 신뢰감은 거의 없다시피 했다. 하지만 지킬박사의 따뜻한 친절에 조금씩 생각이 바뀌기 시작하고, 이 사람이라면 사랑할 수 있다고 생각한다. 그렇게 지킬을 그리며 사랑하는 마음으로 부르는 곡이다.

• 특징 및 주의사항 : 어쩔 수 없는 상황으로 살기위해 돈을 벌어야 하는 가련한 한 여인의 닫힌 마음이 한 남자로 인해 열리고, 어느 날 찾아온 그리움이 사랑이란 것을 알게 되는 애잔한 모습을 표현해야 하는 곡이다. 4분의 4박자의 리듬을 유지하면서 그리움으로 표현되는 곳에 부점(싱커페이션)의 느낌을 살려야 한다. 또한 도약 부분이 지난 다음에 음정이 불안해 질 수 있으므로 반음이 올라가는 후반부의

조성을 부를 때에는 정확한 음을 내기 위해 주의해야 한다.

- 소리 타입 : 메조소프라노와 소프라노 중에서 허스키한 목소리 또는 힘이 있는 소리에 적합하다.

## ■ 여성 노래 레퍼토리 고급

### ① Bring on the Men – 지킬 앤 하이드(루시)

- 내용 : 지킬이 엠마와 약혼식을 한 후에 친구이자 변호사인 어터슨과 함께 루시가 일하는 사창가를 찾아간다. 지킬을 흠모하는 루시가 지킬을 유혹하기 위해 관능적이고 유혹적인 공연을 하며 부르는 곡이다.

- 특징 및 주의사항 : 매혹적인 춤을 추며 야릇한 목소리 톤으로 남성의 마음을 사로잡는 듯 애교가 넘치는 노래를 불러야 한다. 4분의 3박자이면서도 느린 3박자 리듬의 곡으로 첫 박에 가볍게 악센트를 주면서 레가토로 노래 부른다. 중반부에 4분의 4박자의 변박이 있으니 주의해야 한다.

- 소리 타입 : 메조소프라노에 적합한 곡이다. 허스키한 소프라노의 소리에도 어울린다.

### ② 황금별 – 모차르트(백작부인)

- 내용 : 볼프강 모차르트는 어릴 때부터 엄격한 아버지에게 영재 교육을 받아 일찍부터 음악적 재능을 키워 가지만, 놀이를 아주 좋아하는 철이 없는 청년으로 성장한다. 천부적인 재능에 자만하여 노는 것을 좋아하고 타락해 가는 볼프강의 모습에 걱정하는 아버지와 누나. 모차르트의 아버지인 레오폴트 모차르트는 귀족들에게 아들의 연주를 들려주며 후견인을 모은다. 9년 후, 모차르트는 영주인 콜로레도 대주교의 명을 받아 작곡을 하기까지 성장하지만 점차 지겨움을 느끼고 자유를 갈망한다. 이렇게 아버지에게 귀속되어 살아가는 모차르트의 모습을 보고 안타깝게 생

각하는 후원자 남작부인의 노래이다.

- **특징 및 주의사항** : 16분 음표를 이용한 순차진행이면서 크레센도의 느낌이 강한 곡으로 중반부의 4분 음표를 이용한 4/4 박자의 웅장함과 무게감을 가지고 노래해야 한다. 4분 음표의 분할되어 있는 처음 16분 음표에 약간의 악센트를 주어서 스케일이 무너지지 않도록 주의한다.
- **소리 타입** : 메조소프라노에게 적합한 곡이며, 힘이 있는 소리를 가지고 있는 소프라노도 가능하다.

### ③ Aldonza – 맨 오브 라만차(알돈쟈)

- **내용** : 돈키호테로 인해 마음의 변화를 느낀 알돈쟈는 다친 건달들을 치료해주러 갔다가 되려 강간을 당하고 만다. 돈키호테는 이 소식을 듣고 충격에 빠져 이상과 현실의 괴리감에 대해 각성하게 되고, 괴로워하는 돈키호테를 보며 알돈쟈는 꿈을 포기하지 말라고 전하는 노래이다.
- **특징 및 주의사항** : 반주는 경쾌하게 진행되지만 내용은 그렇지 않다. 흥분된 감정과 가사를 전달하는 능력이 요구되는 곡으로, 특히 호소력 있는 가창력을 필요로 한다. 또한 리듬감을 놓치지 말아야 하며, 가사 전달에 집중하다가 입술이 굳을 수 있으니 이 점에 신경을 쓰며 불러야 한다.
- **소리 타입** : 소리가 강한 소프라노에 적합하며, 메조 성향을 가진 소프라노도 어울린다.

### ④ 살다보면 – 서편제(송화)

- **내용** : 소리꾼으로 인정받고 싶었던 유봉은 스승을 속이고 무대에 올랐다는 이유로 제명을 당하고 장터를 떠돌며 소리를 하게 된다. 동호엄마는 그런 유봉을 뒷바라지하다 죽게 되는데, 이 때문에 동호는 유봉을 아주 싫어하게 된다. 그런 모습에 연민

을 느낀 송화가 동호를 위로하며 들려주는 노래이다.

- 특징 및 주의사항 : 판소리의 창법을 이용하여 노래에 한이 서린 듯 불러야 한다. 특히 느린 템포에 감정 표현이 담긴 긴 호흡의 소리를 요구하는 곡이다.
- 소리 타입 : 강한 소리의 리릭 소프라노나 스핀토 소프라노에 적합한 곡이다.

## ⑤ Easy as Life – Aida(아이다)

- 이집트 포로로 끌려온 아이다는 라다메스장군에게 사랑을 받게 되고 시간이 흐르면서 아이다도 라다메스장군을 사랑하게 된다. 그 후 포로가 된 아버지를 만나게 되고, 조국을 위해 음모에 동조한다. 조국을 위해서 사랑하는 라다메스를 포기하면서 부르는 노래이다.
- 특징 및 주의사항 : 왜 이런 상황이 나에게 주어졌는지에 대한 고통과 라다메스를 사랑하는 비통함, 그리고 사랑의 서정적인 감정과 조국이 자신을 부르기 때문에 사랑을 포기해야 하는 절박한 감정의 소리들이 잘 표현되어야 한다. 그렇다고 감정 변화를 보여주기 위해 너무 집중하여 소리를 잃는 경우가 없도록 주의해야 한다.
- 소리 타입 : 리릭 소프라노에 적합한 곡이다.

## ⑥ Defying Gravity – 위키드(엘파바, 글린다)

- 내용 : 1막 마지막 장면에서 엘파바가 오즈의 마법사에 대항하기로 결심하고, 지팡이를 타고 하늘을 날면서 부르는 곡이다. 피부색 차이로 생기는 편견 및 동물과 인간을 대립적인 관계로 만드는 생각들을 비판하는 시각이 담긴 노래이다.
- 특징 및 주의사항 : 반주가 동화 속 요정이 하늘을 날고 있는 듯 아름답게 펼쳐진다. 노래 역시 맑고 청아하게 부른다. 특히 중반부의 멜로디는 엘파바가 날아가는 느낌이 살도록 더욱 소프트하게 불러야 한다. 이때 바람을 가르며 요정들이 날아다니는 모습을 상상해보라. 찬란한 햇살 사이로 살랑거리는 바람을 가르며 날아 다니는 엘파바의 노래는 시원하고 신이 난다. 다만 이 노래에서 주의할 점은 엘파바, 글

린다 이렇게 두 사람이 부르는 곡으로, 엘파바의 노래는 고음에서 폭풍 같은 진성의 소리가 나와야 하기 때문에 흥분하지 않고 차분한 가운데 준비된 호흡을 이용하는 자세가 요구된다. 또한 글린다는 소프트한 소리를 내다보니 비강이 아닌 비음으로 내는 경우가 생기는 점을 주의하자.

- 소리 타입 : 엘파바는 힘 있는 소프라노 또는 고음이 잘나는 메조소프라노에 적합하고, 글린다는 소리가 가벼운 소프라노에 적합하다.

⑦ Think of Me – 오페라의 유령(크리스틴)

- 내용 : 프리마돈나인 카를로타는 노래를 부르다가 사고를 당하자 화를 내고 떠나버린다. 갑작스럽게 빈 프리마돈나의 빈자리에 발레 감독의 딸인 맥이 크리스틴을 추천하게 되고 크리스틴이 멋지게 부르는 상황을 연출하는 노래이다.
- 특징 및 주의사항 : 오페레타 형식으로 성악적인 요소가 강한 노래이며, 소리와 감정이 절묘하게 어우러져야 제 맛이 나는 노래이다. 따라서 감정보다 바른 발성의 비중이 절대적이다. 감정을 표현하다 보면 소리를 억누르게 되는 경우가 발생하는데 그 점을 주의한다.
- 소리 타입 : 청아한 목소리에 고음을 잘 내는 소프라노가 불러야 하는 곡이다.


■ **남성 노래 레퍼토리 초급**

다음은 노래를 많이 접하지 못한 초보 남학생들에게 연습곡으로 훈련하기를 권한다.

① **발길을 뗄 수 없으면 – 젊은 베르테르의 슬픔(베르테르)**

- 내용 : 주인공 베르테르가 나이 차이가 많이 나는 연상의 여인에게 버림을 받고 비관하며 자살 직전에 부르는 노래이다.
- 특징 및 주의사항 : 4분의 4박자에서 8분 음표의 느낌을 훈련할 수 있는 곡으로,

도약이 순차 진행되며 곡이 짧아 습득하기 쉬운 것이 특징이다. 특히 템포가 빠르지 않아 음악적 감성을 충분히 발전시킬 수 있는 곡이다.

- 소리 타입 : 테너 소리에 어울리지만 음역대가 그다지 높지 않아 바리톤이나 베이스 타입의 학생들에게도 연습곡으로 권할 만하다.

## ② The Impossible Dream – 맨 오브 라만차(돈키호테)

- 내용 : 돈키호테라는 늙은 노인이 기사도 책을 읽고 미쳐, 마치 자신이 기사가 된 듯 착각하여 모험을 떠나는 이야기이다. 자신이 대단한 기사인 줄로만 알고 우쭐거리다가 몇 번의 망신과 몇 번의 활약을 보이는 내용이 주를 이룬다. 그 중 이 노래는 몸 파는 여인 알돈쟈를 보고 사랑했던 둘시네아로 착각하여 힘과 용기를 가지라고 권고하는 노래이다.
- 특징 및 주의사항 : 8분의 9박자로 3박자 리듬 곡을 익힐 수 있다. 진취적이며 슬픔이 담겨져 있는 곡으로 감정 표현을 익히기에 좋다.
- 소리 타입 : 주로 바리톤 타입의 곡이지만, 음역이 높지 않기 때문에 테너와 바리톤이 모두 소화할 수 있는 곡이다.

## ③ 참 예뻐요 – 빨래(솔롱고)

- 내용 : 일본에서 라이선스 공연을 열고, 중·고등학교 교과서에 실릴 정도로 국내에서 유명한 작품이다. 낯선 땅에서 열심히 살아가려 애쓰는 착한 몽골청년 솔롱고가 순수한 마음으로 나영에게 사랑을 호소하는 곡으로 고백하는 자의 애절함이 돋보인다.
- 특징 및 주의사항 : 4박자의 안정적인 리듬을 익힐 때 사용되는 곡이다. 따뜻함과 인간미라는 주요 모티브에 알맞은 감정을 낼 수 있도록 노력해야 하는 곡이다.
- 소리 타입 : 테너 타입에 적합한 곡이다.

④ 발밤 발밤 – 선덕여왕(비담)

- **내용** : 자신의 신분을 모르고 신라의 화랑으로 살아가던 덕만이 미실과의 대결구도 속에서 왕으로 즉위하는 내용이다. 이 곡은 극 중 비담이 자신의 상황과 현실에 갈등하는 모습을 그린 곡이다.
- **특징 및 주의사항** : 3박자의 리듬으로 "발밤 발밤~"이라는 후렴구가 인상적인 곡이며, 마지막 클라이맥스 두 번째 '솔' 음정이 쉽지 않은 곡이다. 그 부분에 부담을 느낄 수 있기에 정확한 음을 낼 수 있도록 노력해야 한다.
- **소리 타입** : 테너 타입에 어울리는 곡이다.

■ **남성 노래 레퍼토리 중급**

① 단 한번만 – 실연남여(강연오)

- **내용** : 실연으로 인해 생긴 마음의 상처를 견디지 못하고 자살하고 싶어 하는 남녀가 산장을 찾는다. 산장을 운영하고 있는 어리버리한 조폭들은 그들이 자살을 준비한다는 것을 알게 되고, 이를 막기 위해 벌이는 소동을 그린 뮤지컬이다. 극 중 강연오 형사가 죽은 아내를 떠올리며 몹시 그리워하는 슬픈 곡이다.
- **특징 및 주의사항** : 본 뮤지컬의 주제곡이기도 한 이 곡은 옛 연인이 남기고 간 사랑을 그리워하며 아픈 사랑에 애달파 하는 내용을 잘 표현해야 한다. 초반부에 사랑하는 옛 연인을 그리는 모습을, 중반부에는 진정으로 옛 연인을 보고 싶어 하는 모습을, 후반부에는 사랑하는 연인을 따라가고 싶은 마음을 표현해야 한다. 다만, 격한 감정 표현 때문에 지나치게 오버된 감정에 우는 것처럼 표현되지 않도록 주의한다. 중반부 간주 부분에는 호흡을 놓치지 말아야 하고, 멜로디를 들으면서 감정을 유지하도록 한다.
- **소리 타입** : 리릭 테너에 적합한 곡으로 고음 소리가 잘 나오는 하이 바리톤도 가능하다.

## ② Dulcinea – 돈키호테(돈키호테)

- **내용** : 여자 주인공 알돈쟈는 난생 처음 자신을 고귀한 존재로 대해주는 돈키호테의 호의에 호감을 갖게 된다. 돈키호테가 환상 속의 여인을 생각하며 자신을 '둘시네아'라고 부르면 부끄럽지만 싫지만은 않다. 이 곡은 거리의 여자로 깊은 상처를 가지고 있는 알돈쟈에게 숙녀에 어울리는 품위 있는 이름인 둘시네아라고 이름을 지어주고 그녀에게 사랑을 고백하면서 새로운 삶으로 이끌어 주는 곡이다.

- **특징 및 주의사항** : 자칫 지루할 수 있는 극중극의 방식을 세련되게 전개했으며, 무엇보다도 음악을 통한 메시지를 놀라울 정도로 감동적으로 그려내야 한다. 돈키호테의 둘시네아를 그리는 절대적인 사랑의 표현을 8분의 6박자와 4분의 3박자로 변박을 주며 노래를 불러야 하는데, 왈츠를 추며 즐거워하듯이 노래한다. 특히 8분의 6박자의 리듬과 4분의 3박자의 리듬을 잘 구분해서 불러야 한다. 8분의 6박자는 2박자의 개념으로 리듬을 표현해야 하고, 4분의 3박자는 3박자의 리듬으로 표현해야 한다.

- **소리 타입** : 바리톤 소리에 적합한 곡으로 고음이 약한 테너들도 많이 부르는 곡이다.

## ③ 담배 • 싱글즈(정준)

- **내용** : 성격이 시원시원한 동미와 선한 성격의 정준이 어쩔 수 없는 상황으로 한집에서 동거를 하다가 자신들이 목표한 결과를 얻지 못하자, 서로 갈 길을 가기 위해 마지막으로 조촐하게 술을 마시기로 한다. 정준은 끊었던 담배를 다시 피우려다 담배를 바라보면서 동미에 대한 사랑을 고백하는 곡이다.

- **특징 및 주의사항** : 동미를 향한 정준의 마음을 담배를 매개체로 진솔하게 고백하는 곡이다. 조금은 라이트한 소리로 아름다운 사랑을 그려주는 것이 필요한데, 곡 전체가 반복구를 많이 사용해서 가사를 암기하거나 표현할 때 지루할 수 있다. 반복되는 부분의 느낌을 분석하여 소리의 톤을 조금씩 다르게 표현해 보도록 한다.

• 소리 타입 : 리릭 테너에 적합한 노래이며, 고음을 잘 내는 바리톤도 가능하다.

### ④ Empty Chairs at Empty Tables – 레미제라블(마리우스)

• 내용 : 혁명을 꿈꾸는 젊은이들이 자주 모이는 작은 카페. 그들은 현 정부에서 홀로 가난한 사람을 도와주었던 레마르크 장군이 죽었다는 소식을 전해 듣고는, 그 일을 계기로 시민혁명을 계획한다. 그들의 리더인 앙졸라는 학생들과 함께 민중들을 선동하기 위하여 거리로 나왔지만 혁명은 실패했고 마리우스를 제외한 모두가 전멸한다. 이 노래는 혼자 살아남은 마리우스가 죽은 친구들에게 사과하는 내용을 담고 있다. 식탁과 의자를 바라보며 다시는 친구를 볼 수 없다는 가사들이 더욱 극적 감동을 제공한다.

• 특징 및 주의사항 : 잔잔하면서 억눌린 서러움과 고통이 감정적으로 잘 표현되어야 한다. 초반부에서 말하듯이 노래를 부를 때, 발음이 잘 들릴 수 있도록 호흡을 안배하도록 한다. 중반부의 고음역 부분에서는 소리의 포지션을 잃지 않도록 코로 숨을 쉬어 느낌이 잘 유지되도록 한다.

• 소리 타입 : 청아한 테너 소리에 어울리는 곡이다.

### ⑤ Why God Why – 미스 사이공(크리스)

• 내용 : 전쟁의 참혹함과 옳지 못한 일에 무관심한척 하면서 얻어지는 부적절한 이익에 대해 고뇌하던 크리스. 어느 날 시끌벅적한 클럽에서 미스 사이공을 뽑는 화려한 쇼를 관람하게 된다. 화려함과 섹시함을 겸비한 기존 무희들과는 달리 시골에서 금방 올라온 킴의 청순하고 때 묻지 않은 모습에 크리스는 다른 느낌을 받고 그녀에게 다가간다. 그렇게 보낸 하룻밤의 사랑, 하지만 크리스는 마음이 더 복잡해지고 전쟁이라는 참혹한 현실에서 만난 아름답고 순수한 그녀로 인해 고민이 더욱 커지면서 부르는 노래이다.

- 특징 및 주의사항 : 아주 다이내믹한 면이 돋보이는 곡이다. 초반부는 말하듯이 사이공을 그리면서 잔잔하게 표현하다가 중반부부터 강한 감정을 표현하면 좋다. 한편 템포가 바뀔 때 음표의 길이를 정확하게 지켜야 하며, 초반부의 말하듯이 노래하는 부분에서 정확한 리듬감과 음정 표현이 다소 어렵게 느껴질 수 있으므로 꾸준히 연습하여 정확하게 표현하려고 노력해야 한다.
- 소리 타입 : 리릭 테너에게 적합한 노래이다.

## ⑥ 증오와 분노 – 드라큘라(백작)

- 내용 : 수많은 사람을 잔인하게 죽여서 흡혈귀라는 뜻의 '드라큘라'라는 별명을 얻게 된 드라큘라 백작. 수도원에 유민들이 숨어 있는 것을 알고 수도원마저 짓밟고 사제들까지 죽인다. 그 과정에서 사제는 드라큘라에게 영원히 피를 마시게 될 것이라는 저주를 퍼붓는다. 집에 돌아온 그는 사랑하던 아내 아드리아나가 아기를 낳다가 죽자, 절망하며 이 노래를 부른다. 노래를 부른 후 드라큘라는 자살하려 하지만, 죽지도 못하는 불사의 저주를 받게 되었음을 깨닫는다.
- 특징 및 주의사항 : 초반부는 말하듯이 가사의 전달을 위해 입술을 자연스럽게 움직이며 정확하게 발음하도록 한다. 특히 대사하듯이 말할 때에는 지루함이 느껴지지 않도록 리듬감을 살려 노래를 부른다. 중반부부터 시작되는 멜로디에는 가장 사랑하는 아내와 아이를 빼앗아 간 신을 원망하면서 절망하는 마음을 담아 격하게 분노를 표현한다. 후반부에는 사랑하는 아내를 그리워하며 잔잔하게 마무리 한다. 그 과정에서 감정을 너무 격하게 표현하려다 보면, 가슴에 지나치게 힘이 들어가 성대와 목에 무리가 갈 수 있으므로 높은 음역이나 격정적인 표현을 할 때에는 반드시 복식호흡으로 소리를 내도록 한다.
- 소리 타입 : 하이 바리톤에 어울리는 곡이며, 힘 있는 테너가 불러도 무방하다.

### ⑦ 헤롯의 노래 – 지저스 크라이스트 슈퍼스타(헤롯)

- **내용** : 헤롯왕은 예수가 행한 수많은 기적들에 대해서 듣고 물을 포도주로 변하게 하거나, 물 위를 걸어보라고 요구한다. 헤롯왕의 끊임없는 괴롭힘에도 불구하고 예수가 아무 말 없이 앉아 있자 헤롯왕은 격노하여 그를 쫓아내는 과정이 담긴 곡이다.

- **특징 및 주의사항** : 초반부는 말하듯이 헤롯의 성격을 최대한 보여주며 부르고, 중반부의 4분의 4박자에서 2분의 2박자로 리듬이 변할 때에는 경쾌함의 변화를 줄 수 있어야 한다. 중후반부에 다시 4분의 4박자로의 전환을 잘 살려 드라마틱하게 부르는 곡이다. 특히 4분의 4박자에서 2분의 2박자로 템포의 변화가 발생하기에 발음상의 문제가 생길 수 있다. 충분히 연습하여 리듬감의 표현과 박자, 가사 전달, 감정 표현이 모두 잘 될 수 있도록 한다.

- **소리 타입** : 테너 소리에 적합하며, 고음이 좋은 가벼운 하이 바리톤도 가능하다.

### ⑧ Maria – 웨스트사이드 스토리(토니)

- **내용** : 윌리엄 셰익스피어의 비극 〈로미오와 줄리엣〉을 모티브로 한 이 뮤지컬은, 아메리칸드림을 꿈꾸며 미국에 왔지만 현실의 벽에 부딪혀 희망 없는 삶을 살아가고 있는 뉴욕 뒷골목 이민자들의 삶을 투영한 작품이다. 1950년대 뉴욕 웨스트사이드 빈민가를 무대로, 유색인종을 배척하는 이탈리아계 폭력집단인 '제트파'와 푸에르토리코 이민자로 조직된 '샤크파'의 세력 다툼에 말려든 토니와 마리아의 비극적인 사랑이 주된 내용이다. 어느 날 마을 댄스파티에서 제트파의 두목 리프의 친구인 토니와 샤크파의 두목 베르나르도의 여동생인 마리아가 만나 운명적인 사랑에 빠지는 되는데, 이 곡은 토니가 마리아를 그리며 부르는 노래이다.

- **특징 및 주의사항** : 순수한 사랑을 그리는 모습을 표현해야 한다. 사랑하는 사람을 처음 만나 맹목적으로 사랑에 빠져버린 모습을 그리는 것이 중요하며, 초반부의 가사를 전달할 때에는 말하듯이 불러야 하지만 리듬감을 잃지 않고 팔세토로 부르

면 좋다. 중반부에서는 진성대를 이용하여 고음 부분에서 흥분하지 말고 절제된 감
정으로 소리를 낼 수 있도록 연습한다.

- 소리 타입 : 서정적인 테너에게 적합한 곡이다.


## ■ 남성 노래 레퍼토리 고급

### ① Lost in the Darkness – 지킬 앤 하이드(지킬)

- 내용 : 런던의 한 정신병원, 어둠속에서 길을 잃고 헤매는 아버지를 보며 헨리는 매
  우 안타까운 시선을 보낸다. 젊은 시절 최고의 신사였다고 하던 그의 아버지, 안타
  까운 아버지의 모습에 정신병 환자를 구할 수 있는 연구를 시작한 헨리는 선과 악
  을 따로 분리하는 방법을 찾아, 직접 인간에게 실험하려고 하는 그의 마음을 표현
  한 노래이다.

- 특징 및 주의사항 : 간결하지만 매우 굳은 의지를 표현해야 한다. 아버지에 대한
  감정을 표현하려고 지나치게 오버된 감정 표현으로 흐느끼지 않도록 한다. 이 노래
  는 따뜻하고 온화한 모습으로 불러야 하는 노래이며, 드라마적인 부분에서 강한 소
  리와 감정 표현을 위해 성대와 가슴을 억누르지 않도록 조심해야 한다.

- 소리 타입 : 하이 바리톤에 적합한 곡이며, 강한 소리의 테너도 콘서트 연주용으로
  가능한 곡이다.


### ② This is the Moment – 지킬 앤 하이드(지킬)

- 내용 : 정신병원 방문 후 집으로 가던 지킬박사는 아버지의 젊은 시절 뛰어났던 모
  습을 회상하며 자신에게 실험하기 전, 실험의 성공을 염원하는 열정적이고 간절한
  소망이 담긴 노래이다.

- 특징 및 주의사항 : 지킬 앤 하이드의 대표곡으로, 매우 열정적이면서 무게감 있게
  표현되어야 한다. 너무 잘 알려진 곡이므로 쉽게 따라 부르려고 하는 경향이 발생

할 수 있다. 처음부터 오디오를 통해 다른 사람의 노래를 듣고 공부하는 것은 오히려 자신의 기량 발휘를 막는 일이 될 수 있으므로, 반드시 처음에는 악보를 통해 정확한 음정을 파악한 후 연습에 임해야 한다. 박자와 리듬에 더욱 신경 써서 연습을 해야 하는 곡임을 명심하자.

- 소리 타입 : 하이 바리톤에 적합한 곡이며, 강한 소리의 테너도 가능하다.

### ③ 황혼의 태양 – 영웅(이토)

- 내용 : 충성심이 깊은 군인이며 일본의 미래를 위해서 어떤 짓도 서슴지 않고 자행했던 조선 초대 통감직의 이토 히로부미가 기차에서 내리면서 부르는 곡이다. 중국 하얼빈 역에서 많은 군중이 그를 맞아 일장기를 흔들고 있음에도 고독과 외로움을 느끼며, 다가온 황혼을 아쉬워하는 마음이 담겨 있다.
- 특징 및 주의사항 : 이토의 중후한 인품 뒤에 고독과 외로움이 표현되어야 한다. 초반부의 저음역을 내기 위해 가슴을 억누르지 않고 호흡이 섞인 소리로 부르면 좋다.
- 소리 타입 : 하이 바리톤에 적합한 곡이며, 고음과 저음을 잘 내는 테너도 가능하다.

### ④ 달의 노래 – 화성을 꿈꾸다(정조)

- 내용 : 20대 초반의 젊은 나이에 왕권을 이어받은 정조가 할아버지인 영조에 의해 아버지 사도세자가 죽는 현장을 목도할 수밖에 없었던 기억을 아파하며 부르는 노래이다.
- 특징 및 주의사항 : 정조의 내면 깊은 곳의 감정을 표출하며 부르는 곡으로, 깊은 소리와 높은 음역대를 가지고 있어야 충분하게 소화할 수 있는 곡이다. 초반부의 멜로디 부분에는 애잔한 마음을 표현하고, 중반부 이후 고음역의 소리를 낼 때에는 포지션을 유지하며 입술과 온 몸의 힘을 빼고 단전의 호흡으로 지탱하며 음정이 처지지 않도록 주의하며 부른다.

• 소리 타입 : 하이 바리톤에 적합한 곡이며, 드라마틱한 소리가 요구된다.

## ⑤ 살판을 넘을 때 – 공길전(장생)

• 내용 : 연산은 어머니 폐비 윤씨를 위한 제를 지내기 위해 광대패를 궁으로 불러들인다. 제를 하고 벽사의식[1]을 하던 중 여장 광대 공길을 알게 되고, 공길에게 관심을 갖게 된다. 그 후 공길의 소원대로 궁내에 전문 연희단 희락원을 설치하고 공길에게 희락원 최고봉인 대봉이란 벼슬을 내린 연산. 꼭두쇠 장생은 이러한 공길과 연산의 관계를 비난하고 궁을 떠나버린다. 공길과 연산의 관계를 시샘하는 녹수는 공길을 모함에 빠뜨리기 위해 언문비방서를 만들어 장안에 퍼뜨리지만 공길과 글씨체가 유사한 장생이 나서 자신이 썼다며 공길을 보호하고 나선다. 화가 난 연산은 장생의 눈을 뽑고 처형하라고 명령한다. 장생을 처형하는 날 공길은 마지막 한 번만 자신과 한판 놀게 해달라고 간청하고 마지막 날 밤 장생이 공길과 대화를 하며 노래하는 곡이다.

• 특징 및 주의사항 : 초반부에서는 다음 날 처형 당하는 초연한 모습으로 가사를 전달한다. 중반부 반주가 없는 곳에서 박자와 리듬을 잃지 않으면서 고음을 표현해야 하는데, 애절한 표현이 되어야 한다.

• 소리 타입 : 테너에 적합한 곡이며, 저음과 고음역을 잘 내는 테너일수록 좋다.

## ⑥ 목숨인가 사랑인가 – 삼총사(아라미스)

• 내용 : 호텔에서 아라미스는 옛 연인인 밀라디와의 관계를 밝히면서 부르는 곡이다. 과거 아라미스는 유명한 뮤지컬 배우였다. 아라미스는 한 여인과 사랑을 하게 되지만, 알고보니 그 여인은 백작의 부인이었고 절망한 아라미스는 자살을 하려 하지만, 권총 고장으로 죽음의 그늘에서 벗어나게 된다는 내용을 담은 노래이다.

---

1) 귀신을 물리치는 의식

- **특징 및 주의사항** : 코믹함을 위해 진실이 배제된 장난기 어린 소리가 나와선 안된다. 진정성이 담긴 자신의 진실을 호소하며 불러야 한다. 다만 드라마틱한 감정 표현을 하겠다고 무리하게 목을 억누르지 않도록 주의한다.
- **소리 타입** : 바리톤에 어울리는 곡이며, 드라마틱한 소리를 가진 테너도 가능하다.

### ⑦ 한이 쌓일 시간 – 서편제(유봉)

- **내용** : 유봉은 봉화와 승화의 관계를 알게 된 후 불안함을 느끼며 승화의 소리에 대해 더욱 애착을 갖게 된다. 세상을 향해 뼛속 깊은 한을 토해내는 소리를 만들기 위해 승화의 눈을 멀게 만들고 난 후에 부르는 유봉의 노래이다.
- **특징 및 주의사항** : 유봉이 승화에 대해 몹시 애착을 느끼는 것을 표현해야 한다. 눈을 멀게 한 것에 대한 후회와 당위적인 모습을 보여주면 좋다. 저음 부분에서는 너무 낮은 소리를 내기 위해 성대를 조이지 않도록 주의하고 자연스런 소리를 위해 항상 호흡 에너지를 이용하여 부른다.
- **소리 타입** : 하이 바리톤에 적합한 곡이며, 굵은 소리를 가진 테너도 가능하다.

# 5. 감정 표현

노래에 있어 감정 표현이란 매우 중요한 부분이다. 지금까지 노래를 부르는 방법을 배운 것은 결국 배우가 부르고 있는 노래의 감정 표현을 제대로 관객에게 전달하기 위함이다. 아무런 감정 이입도 없이 부르는 노래는 듣는 사람들에게 공감을 얻을 수 없는 노래이다. 노래를 그저 잘 부르려고만 한다면 대중들의 귀는 즐겁지도 않고 공감할 수도 없다. 때문에 노래에 있어 감정의 표현은 절대적이다. 그리고 그 감정에는 진실성이 담겨 있어야 한다.

시로 표현된 노래에 있어 감정이란 다양하지만 크게 기쁨과 슬픔으로 분류할 수 있다. 기쁠 때 웃고, 슬플 때 울게 되는데, 상황에 따라 너무 기뻐도 울고, 너무 슬프면 기가 막혀서 웃기도 한다. 하지만 노래를 부르는 동안에는 울거나 웃으면 곤란하다. 지금 부르는 그 노래는 관객에게 들려야 하는 노래이자, 그 감정이 표현되어야 하는 것이기 때문에 어느 정도는 조절된 객관성을 유지하면서 노래의 감정에 대해 공감대가 형성되도록 해야 한다. 노래를 부를 때 그 슬픔이나 기쁨 등의 감정을 표현하기 위해 지나친 동작이나 표정, 그리고 음을 너무 늘리거나 눌러서 오버된 감정을 드러내려고 하는 경우가 있다. 그러나 잊지 말아야 할 것은 눈물을 흘릴 때보다 그 눈물이 나오기 전까지가 감정의 극치라는 것이다. 눈물이 흐른다는 것은 이미 극대화된 감정이 표현된 것이다. 기쁨의 웃음도 마찬가지이다. 따라서 배우는 노래를 부르기 전, 다시 말해 숨쉬기 전에 이미 그 다음 것에 대한 감정의 극치에 도달해 있어야 한다. 그렇게 될 때 노래는 객관성을 유지하면서 조절된 감정을 상대 배우와 관객들까지도 모두 함께 공유할 수 있게 된다. 감정 표현에 대해 보다 구체적으로 살펴보자.

## (1) 목소리에 감정 담기

어떤 이들은 노래를 3분의 드라마라고도 하는데, 한 곡의 연주가 3분 내외이고 그 속에서 집약된 스토리가 전개된다는 의미이다. 특히 뮤지컬 배우는 그 드라마를 연기하는 연기자이고, 그 속에는 무대와 주인공이 있기 마련이다. 주인공이 있으면 당연히 대사가 있고 행동이 있다. 따라서 극의 전개와 결론도 들어 있다. 전체적인 극만이 아닌 한 곡의 노래에도 각각의 플롯이 있다는 말이다. 감정 표현을 위해 목소리를 붓이라고 생각하고 도화지에 그림을 그리듯 감정이라는 여러 가지 색의 물감을 묻혀 강하게 또는 약하게 때로는 섬세하게 그려보자.

우선 '아'라는 모음을 내 본다. 아래의 순서대로 감정을 바꿔가며 소리를 내어본다.

소리를 낼 때마다 감정을 다르게 잡아보면 다른 톤의 소리가 나오는 것을 느낄 수 있다. 목소리의 색깔과 분위기는 마음의 상태에 따라 달라진다. 웃을 때에는 비교적 밝은 소리, 슬프면 어두운 소리가 나온다. 마음의 상태에 따라 몸도 변한다. 그 변화가 소리에까지 영향을 미치기에 감정에 따라 다른 음색이 만들어지는 것이다.

## (2) 곡 분석하기

뮤지컬 배우는 음성 연기자로, 맡은 역할에 따라 가진 분위기와 마음 상태를 표현해야 한다. 따라서 부르는 노래에도 역할의 마음 정서가 담겨져 있다.

분석방법은 다음과 같다.

- 가사를 정확하게 해석한다.
  - 역할의 성별은?
  - 역할의 나이는?
  - 가사 속의 계절과 시간은?
  - 역할이 놓인 공간은?
  - 역할의 심정은?
- 주제와 소재가 파악되면 그림을 그리듯 상상한다.
- 역할이 되어 노래한다.

어떤 곡이던 그 내면을 살펴보면 집약된 스토리가 전개되는 드라마 형식을 가지고 있음을 발견한다. 뮤지컬 곡들은 더욱 그러하므로, 뮤지컬 배우는 그 드라마를 목소리 연기로 관객에게 전달하는 효과적인 감정 표현의 기술을 갖고 있어야 한다. 그렇다면 직접 곡을 분석해 보도록 하자. 여기서는 곡의 일부들만 발췌하여 다뤄보았다.

꿈을 꾸며 메르체테스의
갈망을 표현하세요

동일한 리듬과 음형으로 같은 타이밍에 도약하고 있는데, 도달
음의 높이가 점차 높아지면서 긴장감을 고조시키고, 마지막 도
달음인 D음을 한결 수월하게 부를 수 있게 합니다.

달 빛 너 머   별 빛 따 라      날 찾 아 온   당 신 의

선율의 반복으로 반주가
변주되었습니다.

달 콤 한 입 술 느   낄 땐      하 늘 을 날   듯 이

현실로 돌아오는 안타까움을 표현하세요

온   세 상 내 것 같 았___지   아   무 걱 정 없 던 날

반음계적인 선율과 코드를 사용해 분위기를 전환시키고 있습니다. 이것은 긴장감을
유발시켜 뒤에 있을 클라이맥스를 더욱 강조해주게 됩니다.

### ① 몬테크리스토 – 온 세상 내 것이었을 때(메르체데스역, 소프라노)

이 곡은 메르체데스가 에드몬드와 사랑했던 과거를 회상하며 부르는 솔로곡으로 애잔한 그리움이 묻어나오는 곡이다. 이 노래를 부를 때의 전후 상황을 먼저 살펴보자.

정직하고 순한 선원이었던 에드몬드 단테스는 고향 마르세유에서 아름다운 여인 메르체데스와 약혼식을 올린다. 이 모습을 시기한 친구 몬데고와 당글라스는 에드몬드를 감옥에 보낼 계략을 꾸민다. 그 내용은 에드몬드가 선원으로 일했던 파라옹호가 나폴레옹이 귀양살이하던 엘바섬에 들른 적이 있었는데, 이를 트집 잡아 유배 중이었던 나폴레옹의 밀서를 전달하려고 했다는 것이다. 에드몬드는 억울하게 죄를 뒤집어 쓴 뒤 마르세유 앞바다에 있는 이프섬에서 14년 동안이나 감옥생활을 하게 된다. 쓰라린 배신의 고통 속에 있을 때, 먼저 11년 동안 수감했던 이탈리아 가톨릭 신부인 파리아 신부가 에드몬드를 도와준다. 그는 에드몬드에게 다양한 학문과 여러 나라의 문화, 무술 등 많은 지식을 가르쳐주었고, 병에 걸려 죽을 때에는 갖가지 보물이 숨겨진 몬테크리스토에 대해 알려준다. 에드몬드는 죽은 파리아 신부의 시신과 자신을 바꿔치기하여 탈출하고, 보물섬 몬테크리스토에 찾아가 보물을 차지한다. 막대한 제물을 얻은 에드몬드는 몬테크리스토 백작이라고 이름을 바꾼 후 자신에게 고통을 준 이들에게 복수를 치밀하게 계획한다. 그 사이 메르체데스는 에드몬드가 죽었다고 생각해 몬데고와 결혼하게 된다. 시간이 지난 후 파티에서 만나게 된 메르체데스와 몬테크리스토 백작은 서로를 알아보고 가슴 깊이 안타까워한다. 쓸쓸히 집으로 돌아온 메르체데스가 다른 여자를 만나고 돌아오는 몬데고를 보며 자신의 처지를 한탄하며 부르는 노래가 바로 이 노래이다. 아픈 가슴을 부여잡고 에드몬드와 뜨겁게 사랑했던 옛날을 회상하며 현실의 쓰디쓴 울분을 맛보는 기분일 것이다.

달빛 너머 별빛 따라 날 찾아온 당신의

달콤한 입술을 느낄 땐 하늘을 날듯이

온 세상 내 것 같았지 아무 걱정 없던 날


여기서 '달빛 너머 별빛 따라 날 찾아온 당신의'란 가사는 회상을 하듯이 마치 아름답고 포근한 꿈을 꾸는 듯한 장면이다. 특히 '달콤한 입술을 느낄 땐 하늘을 날 듯이' 사랑의 감미로움과 환한 하늘을 나는 듯 자유가 내포되어 있는 가사이다. 흔히 사랑을 속삭이는 커플들의 노래에는 달빛과 별빛, 하늘을 그리는 가사들이 많다는 것을 참고해 두도록 하자.

하지만 '온 세상 내 것 같았지 아무 걱정 없던 날'은 꿈속에서 현실로 돌아오고 말았다. 과거의 모습을 마치 현재에도 느끼는 것처럼 꿈꾸다가 갑자기 현실의 지옥 같은 상황을 깨달고만 메르체데스의 한탄 섞인 탄식이다. 곡을 들어보면 알겠지만 '온 세상' 부분부터 곡이 변화하는데 메르체데스의 감정 변화에 대해 음에서도 전달하려는 것이다.

이런 메르체데스의 마음을 느끼고, 어떻게 전달할 것인지에 대해 고민하도록 하자. 꿈꾸고 행복과 탄식이 한 번에 반전되는 느낌의 표현에도 집중해야 한다.

② 지저스 크라이스트 슈퍼스타 - I Don't Know How To Love Him(막달라 마리아, 메
조소프라노)

이 곡은 몸 파는 여인 막달라 마리아가 생애 처음으로 진실한 사랑을 느끼고 예수를 향한 마음을 표현하는 곡이다. 스토리를 살펴보면, 예수가 길을 가던 중 예수를 시험하려는 이들이 금지된 매춘을 하다가 현장에서 붙잡힌 사마리아 여인 막달라 마리아를 예수 앞으로 끌고 나온다. 당시 이 행위는 돌로 쳐 죽이는 벌을 받아야 하는데, 과연 예수는 어떤 판단을 내리는 지 보려함이다. 그런 그들을 향해 예수는 "여기서 죄 없는 사람은 이 여인을 돌로 쳐라"라고 말했다. 죄가 없는 사람이 어디 있겠는가. 양심의 가책을 느낀 사람들은 집어 들었던 돌을 버리고 돌아간다. 막달라 마리아는 난생 처음으로 자신을 한 사람으로 존중해주고 죽음에서 살려준 예수를 사랑하게 되고, 그 마음을 표현한 곡이 'I Don't Know How To Love Him'이다.

> 유혹해볼까 소리쳐볼까
> 사랑한다고 고백해볼까
> 예전엔 결코 이런 일 있지 않았죠.

해당 부분의 가사를 살펴보면 마리아의 천한 밑바닥 인생이 살짝 엿보이는 대목이다. 길에서 사랑을 구걸하며 유혹하고 소리치는 그런 행위가 담겨 있다. 한번 해볼까? 하는 마음이 여실이 드러난다. 그러다가 문득 예전에 느끼지 못한 감정임을 깨닫고 만다. 진실로 예수를 사랑하게 된 것이다. 감당할 수 없는 용서를 받은 후 자신을 존중해주는 한 점 티 없는 예수를 바라보며 느끼는 마리아의 감정 변화를 잘 그려내야 한다.

본래 그녀는 사람들에게 쉽게 사랑과 몸을 팔던 창녀였다. 그런 그녀에게 난생 처음 무엇보다 소중한 사랑이 나타난 것이다. 여전히 사람을 꼬시려 하던 자신의 유혹적인 모습과 꿈꿀 수 없었던 순수한 사랑의 시작을 그려내야 한다. 그러면서 전혀 꿈꾸지 못한 감정이기 때문에 내적으로는 놀라고 당혹스럽기도 하다. 이런 감정들의 변화에 주목하고 표현하는 방법을 생각해 보도록 한다.

③ 회전목마 – If I Loved You (빌리, 테너)

좀 더 열정적으로 부르세요

호흡을 충분히 하면서 *p*를 준비하세요

How I loved you, If I loved you!_____

*mf* *molto espr.* *f* *mp* *mf*

　이 곡은 죽은 빌리가 줄리를 사랑하는 마음을 표현한 곡으로, 짧지만 강한 마음이 담겨있다. 곡이 짧기 때문에 남자 테너라면 오디션 곡으로 가장 추천할만한 곡이다. 짧으면서도 자신의 기량을 보여줄 수 있는 테크닉적인 부분들이 포함되어 있는데다 곡도 아름답다. 이 곡의 분위기를 살펴보면 사랑을 고백하는 곡임에도 상당히 안타까운 마음이 담겨있는 곡이다.

If I loved you

내가 당신을 사랑한다면

Time and again I would try to say

몇 번이고 말하려고 하겠죠

All I'd want you to know

당신이 알아줬으면 하는 모든 것을

If I loved you

내가 당신을 사랑한다면

Words wouldn't come in an easy way

말들은 쉽게 나오지 않고

Round in circles I'd go!

내가 가는 것처럼 빙 돌아 나오겠죠!

Longin' to tell you, afraid and shy.

말하기를 간절히 원하지만

I'd Iet my golden chances pass me by.

두렵고 부끄럽겠죠. 나는 좋은 기회가 지나쳐 가게 놔둘 거예요

Soon you'd leave me,

곧 당신은 나를 떠나겠죠.

Off you would go in the mist of day.

한낮의 안개 속으로 사라질 거예요

Never, never to know

결코, 결코 알지 못한 채로

How I loved you, If I loved you!

내가 얼마나 당신을 사랑했는지 , 내가 만약 당신을 사랑한다면


가사에서 여실히 드러나듯이 사랑을 고백하지만 독백의 곡이다. 또한 상대방은 알지 못하는 혼자만의 사랑을 표현하고 있다. 배경을 살펴보면 이 애절한 마음을 더욱 진하게 알 수 있다. 1800년대 산업혁명시대에 일을 하기 위해 시골에서 올라온 어린 여성 줄리 조던과 캐리 피퍼리지는 마을 회전목마에 찾아와 취직을 한다. 줄리 조던은 회전목마에서 호객 일을 하던 빌리 비글로우와 첫눈에 반해 사랑을 하게 되지만 평소 빌리에게 마음이 있었던 회전목마의 주인 몰린 부인의 질투로 빌리는 직업을 잃게 되고 줄리 역시 해고를 당한다. 안 좋은 일을 연이어 겪은 그들에게 행복이 찾아왔는데 바로 줄리가 임신을 한 것이다. 빌리는 매우 기뻐했고 태어나는 아이를 위해 목숨이라도 걸겠

다는 의지로 일을 하다가 불미스러운 사고로 죽게 된다. 외로이 홀로 남은 줄리는 예쁜 딸을 낳고 살아가는 데, 빌리는 하늘에서 안타까운 마음으로 줄리의 나날을 지켜본다. 매일매일 지켜보는 빌리의 모습을 불쌍히 여긴 천사가 하루를 전제로 사랑하는 여인과 딸이 살고 있는 지상으로 함께 내려온다. 가장 보고 싶은 딸 루이즈에게 하늘에서 가져온 별을 주고자 나타나지만 루이즈는 아빠를 알아보지 못하고 집안으로 도망치고 만다. 줄리는 무슨 일인지 알고자 집 밖으로 나와서 빌리가 남겨 놓은 별을 발견하고 생각에 잠길 때, 빌리가 부르는 곡이 바로 'If I Loved You'이다. 언제나 아내와 딸을 지켜보고 있는 자신을 그들은 알지 못하고, 너무나 사랑하는 마음이지만 지켜보고 있을 수밖에 없는 상황에 터질 듯한 마음으로 부르는 곡이다. 그래서 이 사랑의 노래는 잔잔하지만 강렬하고, 강하지만 감미롭고 애절하다. 이런 복잡한 감정의 표현이 절묘하게 이뤄져야 하는 곡이다. 특히 마지막의 "결코, 결코 알지 못한 채로, 내가 얼마나 당신을 사랑했는지, 내가 만약 당신을 사랑한다면"의 가사를 음미해 보면 빌리의 가슴 아픈 사랑과 아버지와 남편으로서의 책임감을 느낄 수 있다. 이것을 표현해 내야 하는 것이다.

④ 맨 오브 라만차 – The Impossible Dream(돈키호테)

돈키호테가 기사도 책을 읽은 후 마치 자신을 기사로 착각하여 모험을 떠나 몇 번의 망신과 몇 번의 활약을 한다. 그 중 이 노래는 술집여자인 알돈쟈를 보고 사랑했던 둘시네아로 착각하여 그녀에게 힘과 용기를 가지라고 위로해 주는 노래이다. 에너지가 넘치는 곡으로 이 노래를 통해 본격적으로 극을 열게 된다. 'The Impossible Dream'은 꿈을 향한 절실함과 굳건함이 드러난다. 가사를 살펴보면

이게 나의 가는 길이오. 희망조차 없고, 또 멀지라도

멈추지 않고, 돌아보지 않고, 오직 나에게 주어진 이 길을 걸으리라

내가 영광의 이 길을 진실로 따라가면 죽음이 나를 덮쳐와도 평화롭게 되리

이 부분은 곡의 도입이 지나 반전이 시작되는 부분으로 엇박자로 부르던 노래가 갑자기 정박으로 전환(악보상 많이 틀리게 되는 부분)되면서 돈키호테의 강직한 포부를 보여준다. 극의 내용을 분석해 보면, 스페인의 작은 마을 라만차에서 가정부와 조카 그리고 하인과 함께 살고 있는 시골 귀족 돈키호테가 어느 날 기사도 이야기를 읽고 환상에 빠져 스스로를 훌륭한 기사로 착각하고 여행을 떠나면서 이야기는 시작된다. 세상의 무서운 적들과 싸워 정의를 이루겠다는 큰 포부를 갖고 말이다. 낡고 두꺼운 갑옷을 입고

곧 쓰러질 것 같은 늙은 말을 타고 길을 나선 돈키호테는 저녁 즈음 작은 여인숙에 도착한다. 하지만 그 곳을 성으로 착각한 돈키호테는 여인숙 주인을 성주라고 부른다. 또한 투숙하고 있던 몸 파는 여인 알돈쟈를 둘시네아 공주로 착각하고 극진하게 대해준다. 이 과정에서 돈키호테는 그녀에게 힘을 주기 위해 자신의 생각과 삶의 여정을 보여주는 이 곡을 부른다.

'이게 나의 가는 길이오. 희망조차 없고, 또 멀지라도 멈추지 않고, 돌아보지 않고, 오직 나에게 주어진 이 길을 걸으리라'는 가사는 강한 신념이 느껴지는 부분이다. 현재 악보에는 나와 있지 않지만, 앞에서 '꿈 이룰 수 없어도, 싸움 이길 수 없어도, 슬픔 이룰 수 없어도'라는 가사가 나온다. 원하는 바를 모두 이룰 수 없다고 할지라도 신념을 가진 채 살아가겠다는 돈키호테의 강한 마음이 들어 있다. 그것이 바로 나의 삶이라는 자신 있는 주장의 표현이며, 또 하나의 바람이기도 하다. '내가 영광의 이 길을 진실로 따라가면 죽음이 나를 덮쳐와도 평화롭게 되리'는 그의 꿈인 것이다. 어려움이 많더라도 꿋꿋이 삶을 살아가다보면 언젠가는 원하는 평화를 얻을 수 있을 것임을 그는 바라고 있다. 즉 현실은 그렇지 않더라도 소신 있게 정의를 실현해 가면 언젠가는 기사도를 완성할 수 있다는 신념과 강한 마음, 그리고 그 꿈을 자심감이 있으면서도 소망하는 감정으로 표현해야 한다.

지금까지 몇 곡을 살펴보며 곡의 흐름과 주요 부분의 감정적 분석을 해 보았다. 사실 이것은 매우 간단하게 살펴본 것으로 곡 분석이란 배경과 설정, 주인공의 성격과 역할 등에 따라 매우 다르게 해석될 수 있다. 여기에 내가 해석한 것 대다수가 무조건 옳은 답이라고는 말할 수는 없다. 가장 중요한 것은 스스로 곡을 분석하고 그 감정을 이해하여 표현할 수 있는 능력이다. 노래를 그냥 부르기 보다는 이해하는 것, 그리고 이해한 대로 표현할 수 있는 것, 이것이 필요한 것이다.

# 4장

# 뮤지컬 스피치 발성

# 4장. 뮤지컬 스피치 발성

 ## 1. 무대 발성

무대에서 배우가 감정을 표현하고 전달하는 것은 입으로 표현하는 소리의 감정이다. 특히 무대일수록 자연스러운 발성으로 어떻게 대사를 표현하는가는 연기자의 몫인 것이다. 연기란 기본적으로 상대방에게 자신의 감정을 전달하고 상황을 이해시키는 과정이다. 이 과정 중에 발음이 부정확하거나, 상황에 맞지 않은 어투 등의 소리를 낸다면 제대로 된 연기라고 할 수 없다. 이를테면, 배우가 충분한 발성과 음성 훈련을 하지 못한 상태에서 무작정 나오는 소리로 연기하면 제대로 음성과 감정이 전달되기 어렵기 때문에 연기 본연의 목적을 달성할 수 없다.

무대 발성에 있어 연기 시 가장 기본은 대본을 살아있는 언어로 표현하는 일이다. 특히 배우가 말하는 언어는 자신의 말이 아닌 극중 인물의 언어를 무대라는 특수한 공간에서 상대역뿐만 아니라 관객을 전제로 다룬다는 점에서 일상의 언어와 방송에서 사용하는 언어가 다른 영역에 있다는 점을 간과하면 안된다.

배우는 일종의 글로 쓰인 텍스트에 소리와 감정을 실어 언어로 옮겨야 한다. 배우가 가진 독특한 감성을 입혀 연기를 완성하는 것은 각자 배우의 능력이다. 그렇기 때문에 배우는 근본적으로 언어를 표현함에 있어 갈급함이 있어야 한다.

인류가 말을 처음 시작한 것이 언제부터라고 정확하게 말하기는 어렵다. 하지만 인류가 사회를 이루면서 서로 간에 생각하고 욕구를 충족시키기 위해 언어가 만들어 졌다고 추론할 수 있다. 즉 의사소통을 위해 생각을 표현하기 시작했고 입을 통해 소리를 사용하기 시작했을 것이다. 그러면서 나무를 두들겨 리듬을 가지고 생각과 언어를 표현하던 원시시대보다 더욱 감정과 표현이 세분화되었을 것이다. 즉 소리를 내기 시작하면서 기관구조상 자연스럽게 호흡이 곁들어졌고, 흥분하거나 고통, 배고픔, 혹은 기쁨 등을 표현하는 방법에 감정을 실어 표현한 것이다.

사실 입으로 만들어진 언어들이 활자로 만들어진 것은 채 700년도 지나지 않았지만, 세분화된 감정이나 감각들을 표현할 수 있는 도구로써 급속도로 발전해 왔다. 활자의 발달은 배우들의 표현을 더욱 정확하고 풍부하게 만들어주었다. 과거 귀를 통해 얻는 정보에서 눈과 생각을 통해 습득한 언어는 주관적인 것과 객관적인 면으로 분류되어 입을 통해 말하기로 표현된다. 여기서 발성이 적용되는데, 제대로 된 발성은 정확한 표현을 할 수 있도록 도와준다.

즉 발성 연습은 음성 훈련이라고도 할 수 있다. 음성화된 목소리는 항상 무대에 어울려야 한다. 즉 목소리의 크기가 공연장에 어울리게 나와야 하는 것이다. 그래야 관객들이 안정감 있게 공연을 관람할 수 있다. 따라서 음성 훈련은 절대적으로 필요하다. 이러한 무대 발성의 어려움으로 인해 배우는 자연스러운 음률과 목소리를 갖기 어렵게 된다. 본래의 크기보다 극대화하여 표현해야 하는데, 이것이 자연스러워야 하는 이중성이 연기에는 필요하다. 따라서 무대에 어울리는 무대 발성을 필요로 한다. 배우가 연기를 하면서 대사를 말할 때 적합한 발성이 몸에 익혀져 있다면 대사 표현은 보다 더 풍부해지고 자연스러워진다. 따라서 훌륭한 연기자가 되고 싶다면 발성 훈련이 먼저 이뤄져야 한다. 연기를 시작하면 깨닫게 되지만, 순간순간의 진실한 소리를 만드는 것은 매우 중요하다. 깊은 호흡이 실린 발성은 관객만이 아닌 배우 상호 간의 연기에도 신뢰를 갖게 만든다. 배우의 감정은 그냥 표현되는 것이 아닌 호흡을 통해 몸의 울림장치를 울려 소리가 넓게 퍼지도록 하는 것이며, 우리 몸 전체의 근육을 사용하여 전달하는 것이기 때문이다.

　사실 기술이 발전하면서 TV나 매스컴, 음향기기의 발달로 화술에 필요한 음성 훈련의 중요성은 이전보다 덜해진 것 같다. 하지만 아무리 좋은 음향기기라 할지라도 배우 몸속에서 기본적으로 훈련되고, 자연스럽게 나오는 음성의 중요성은 변하지 않는다. TV 프로그램에서 보면 어떤 이들의 소리는 잘 들리면서 이해하기 쉬운 반면, 어떤 이들이 말할 때는 무슨 말인지 정확하게 전달받지 못하거나 귀에 거슬리는 경우가 있었을 것이다. 발성과 호흡을 통한 소리의 전환 차이인 것이다. 음향기기가 발전되더라도 근본적인 사람의 몸속에서 일어나는 일까지 바꿀 수는 없기 때문에, 배우는 대본을 언어로 표현함에 있어 제대로 된 발성을 기반으로 연기를 표현해야 한다.

## 2. 무대 발성의 실체와 이해

무대 발성에 대해 거론하자니 생각나는 일화가 있는데, 조금 부끄러울지도 모를 경험이지만 도움이 될 수도 있기에 언급해보고자 한다.

오랜만에 연극 무대에 섰을 때의 일로, 필자는 오랫동안 노래를 중심으로 공부를 했지만 배우로서의 본분을 잃지 않고자 기회가 있을 때마다 무대에 서려고 노력했다. 맡은 배역의 비중은 크지 않았지만 극의 흐름에 있어서 매우 중요한 역할을 하는 배역이었는데, 오랜만에 하는 연극이어서 그런지 연기하는 내 모습이 낯설었고 내가 아닌 것 같은 것 같은 느낌이었기에 맡은 배역이 영 불편했고 어색했다. 연습 시 나지막한 소리로 읽어 내려갔지만 생각과는 달리 감정이 잡히지 않아서, 목소리는 허공에 떠 있는 상태로 전혀 감정이 느껴지지 않았다. 착하고 차분한 아버지 역할을 해야 하는데 젊고 건장한 남자의 목소리를 내고 있었던 것이다. 연습을 계속해도 감정이 잡히지 않았고 감기에 걸린 것처럼 연약한 소리가 나와 불편한 마음으로 연습을 종료했다. 다음날도 예외 없이 같은 현상이 반복되었기에, 도저히 연습을 할 수 없어 그냥 눈으로 읽어 내려가야만 했고, 무엇이 잘못되었는지 도무지 알 수 없었기에 막막하기만 했다. 방법을 찾기 위해 고민하다가 연기 초기 시절에 화술이 좋지 못하다고 지적을 받았던 게 생각났다.

### "화술이 좋지 않아. 전달이 잘 안되잖아!"

또 다시 같은 경험을 하고 있는 것은 아닌지 몹시 불안했다. 연기자에게 있어 가장 중요하다고 말하는 목소리에 자신이 있었던 필자로서는 더 납득이 되지 않았다. 너무 고민이 되었던 나머지, 중요한 신조라 여기던 흉성, 두성을 이용하여 경구개에 모은 소리를 부비강을 통해 내는 울림소리마저 의심이 들었다. 소리도 크고, 긴 호흡도 자랑할 만한데 도대체 무엇이 문제인지, 연극을 위한 음성훈련은 노래와는 달라서 대사 연습에는 도움이 되지 않는다는 생각이 들 정도로 깊은 고민에 빠졌던 것이다.

당시 이러한 내 생각은 연기 생활에 영향을 미칠 정도로 몹시 위험한 생각이었음을 미리 밝혀둔다. 자칫하다간 연기 화술은 호흡에 의지하지 않는다는 결론을 내릴 수도 있었기 때문이다.

노래를 잘하는 대가들도 일주일 정도 훈련을 게을리 하면 지도하는 선생님이 알고, 1개월 후면 관객이 눈치 챈다고 한다. 훈련을 게을리 하면 결국 사랑하는 팬들을 잃어버리는 결과를 만드는 것이다. 하물며 연기라고 다를까. 다만 필자는 훈련을 게을리 했다기보다는 마음가짐 등이 준비되지 못했던 상태에서 연기 연습에 임했음을 고백한다. 연습 시작 당시 왠지 모를 자신감과 오만이 내면에 깔려 있었던 것이다. 무조건 잘할 수 있다는 자신감에 도취되어 어느새 배역에 대한 연구보다는 잘하는 것에만 집중하고 있었음을 깨달았다.

사실, 음성훈련에 있어 근본적으로 필요한 에너지는 복식호흡이다. 노래를 부르거나, 연기 대사를 할 때 소리를 내는데, 우리 몸에서 입을 통해 내는 소리는 호흡이 없이는 절대적으로 불가능하기 때문이다. 복식 호흡은 호흡을 안정되게 유지해주어, 이를 바탕으로 안정적으로 노래와 연기를 할 수 있는 기능을 하게 된다.

이를테면 노래에서 가장 중요한 에너지는 호흡임에도 불구하고 어떤 이들은 노래는 호흡보다는 두성 위주의 울림소리로 부른다는 오류에 빠지기도 한다. 하지만 제대로 노래를 부르는 사람들은 포르테(f)의 강렬한 소리를 내든 피아노(p)의 여린 소리를 내든 항상 호흡을 근원으로 불러야 한다는 것을 기본으로 배운다. 이때 반드시 복식호흡으로 울림을 만들고 귀와 머리로는 정확한 음정을 만들어 노래해야 한다. 또 범하기 쉬운 오류가 있다면, 노래는 멜로디에 두성과 흉성을 이용해 가사를 전달하는 것으로 생각하는 것이다. 흔히 연습량이 부족한 이들이 이렇게 생각하는 경우가 많다. 좋은 노래는 깊은 복식 호흡의 소리를 기반으로 정확한 가사 전달과 동시에 내면의 감정이 묻어나는 노래이다. 중요한 것은 단순한 가사 전달이 아닌 극 중 인물의 호흡을 통해 표출되는 것처럼 진정성이 느껴지는 소리이다. 이를 위해 연기자는 언제나 자연스러운 소리를 낼 수 있도록 훈련되어야 한다. 이러면서 연기자는 자신의 음성 확장을 경험하게 되며 관객은 편안하게 배우의 소리를 감상할 수 있게 된다.

생각이 여기까지 미치자, 앞서 거론했던 발성 연습 중 스타카토(stacato-**복식호흡을 이용한 끊어서 연습하는 것**) 연습이 생각났다. 대사에도 기본적으로 발성이 필요하다. 허리 부분의 호흡을 이용하여 단전의 압력을 에너지로 받아 깊은 호흡의 소리를 만들어 내는 훈련이 필요하다는 것을 잊어버리고 다른 방법을 찾고 있었던 것이다. 뒤늦게 깨닫고 난 뒤 다시 본연의 방법대로 복식 호흡의 소리를 내면서 공연연습에 임했고 결과는 성공적이었다. 며칠이 지나자 소리는 만족스럽게 나왔고, 연기는 좋은 평을 얻을 수 있었다.

자연스러운 대사 발성을 기반으로 자연스러운 연기를 위해 러시아의 스타니슬라브스키 연기 방법을 대사 연습 때부터 적용했다. 이 방법은 지금까지 주어진 대본을 연기하는 방법과는 다르게 자신의 언어를 이용한 자연스러운 연기가 특징이다. 쉽게 말해 몇 번의 대본 읽기를 통해 극 상황을 이해한 뒤 대본을 놓고 기억에 남는 대사와 극 상황에 맞는 연기를 자신의 언어를 이용하여 대본의 대사를 찾아가는 방법이다.

극 중 배역이 정말 원하는 것이 무엇인지 연구하고 찾아내어 혼자 연습한 후 함께 연습할 때는 아예 대본을 들지 않고 연습했다. 혼자 연습할 때는 가상의 무대를 테이프를 이용해 선을 그어 놓고 동선을 생각하며 상황에 맞게 호흡을 안배하며 연습에 임했다. 대사 중 자연스러운 말을 찾지 못하는 경우에는 초초해 하지 않고 인내하며 기다렸다.

또한 불안한 마음은 긴장감이 생겨 연기를 방해한다. 불안을 떨치지 못하면 긴장은 몸을 경직시키고, 그만큼 움직임은 부자연스러워진다. 특히 목소리는 자유스러움을 찾지 못한다. 혹자는 긴장을 풀고 자연스럽게 보이려고 가지고 있는 호흡 에너지마저 버리는 경우가 있는데, 분명하게 말하지만 여린 소리를 낼 때 호흡을 더 많이 쓰게 된다는 점을 명심해야 한다. 불안으로 인한 긴장은 삼가야 하지만 호흡의 긴장은 유지해야 한다. 여린 소리를 내더라도 연기 자체가 약해지지 않도록 호흡을 유지하며 극중 흐름을 가져가야 한다.

여기에 많은 노래와 연기하는 배우의 소리를 들으면서 좋은 소리를 구별할 수 있어야 하고, 복식호흡을 통해 소리를 내는 훈련을 반복해서 언제나 자연스러운 소리가 나올 수 있도록 해야 한다. 올바르게 호흡을 이용하는 배우는 소리에너지의 감정이 균형 잡혀 있으며, 자음과 모음을 적절하게 배합하여 발음을 할 때 목소리에 진정한 감정이 울려 나온다. 여기서 주의해야 할 것은 몇 번의 성공으로 만족하지 말고 꾸준하게 호흡과 발성을 훈련하고 발전시켜야 한다는 점이다.

연기자들 중에는 인기가 잠깐 있다가 바로 관객들에게 잊혀진 생명력이 짧은 배우들이 많다. 그 중 일부는 발성 훈련을 더 이상 하지 않았기 때문인데, 그 이유는 지나친 발성 훈련이 아름다운 현재의 소리에 안 좋은 영향을 미칠 거라는 편견 때문이다. 즉 지나친 호흡 훈련이나 정확한 발음 연습이 오히려 자연스러운 소리를 내지 못하는 요인이라고 생각하겠지만, 필자는 오히려 이런 생각이 오래된 습관의 화술에서 벗어나지 못했다고 본다. 이런 생각을 가진 배우들은 준비되지 않은 소리로 인해 제한된 배역만 주어질 것이며, 매번 똑같은 톤을 사용하기에 변화가 없고 지루한 배우로 남을 것이다.

연기자로서 좋은 자세는 항상 자신의 목소리로 대본이 의미하는 것을 깨닫고, 의미에 맞는 소리를 내는 것이다. 그리고 항상 배역이 원하는 것에 대해 의문을 가지고 끊임없이 해결하려고 노력해야 한다.

가까운 예로 탤런트 중에 차씨 성을 가진 배우가 있다. 이 사람의 외모는 누구에게도 뒤지지 않으며 연기 또한 다른 중견 배우들에게 뒤지지 않지만 그는 아직도 화술 훈련에 많은 시간을 쏟으며 새로운 작품마다 항상 발전된 모습을 보여 주려 한다는 것을 느낄 수 있다. 짐작컨대 차 배우는 연기자에게 가장 중요한 것이 무엇인지를 깊이 고민하였고, 그에 대한 해답으로 목소리를 주목했으리라 생각한다. 그의 화술은 음성 훈련이 된 소리이며, 울림을 통한 소리를 자연스럽게 만들어 낼 줄 아는 화술이다. 반면에 목소리가 중요하다고 생각하지 않은 어떤 배우는 외모만으로 연기자의 모습을 유지해 가는 걸 보게 된다. 잘생기고 호감 가는 외모이지만 말하는 소리에 울림이 없고 생소리에 가까운 소리로 연기를 한다면 보는 이들은 몹시 거슬려 할 것이다.

앞서, '우리 몸은 악기'라고 정의하였다. 성악가는 노래를 부를 때 성대만을 악기로 생각하지는 않는다. 화술에도 목소리만 도구라고 생각하지는 않도록 하자. 물론 배우는 청중들이 흥미를 갖을 만한 소리를 가지고 있어야 한다. 그러나 연기에 있어서 흥미보다는 나와 관객 그리고 상대와 나의 밸런스를 맞추는 소리가 더 중요하다. 소리내기와 감정에 집중하여 자연스럽게 호흡으로 풀어주는 것이다. 결국에는 뮤지컬 노래이든 대사든 이용하는 기관의 비중은 조금씩 다를지라도 비강을 통해 소리를 내는 기본은 동일하다는 점, 소리가 나올 때의 기본은 노래나 대사나 다르지 않다는 것을 잊지 말아야 한다.

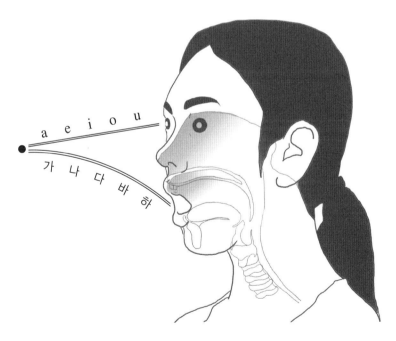

▲ 노래와 대사의 공통점과 차이점

연기자는 끊임없이 좋은 소리를 위해 준비하고 훈련해야 한다. 좋은 대사 발성을 기반으로 하는 음성훈련과 화술훈련이 혼자만의 노력으로 되는 영역은 아니다. 대본에 나와 있는 역할을 제대로 파악하고 그에 맞는 소리로 제대로 연기를 하고 있는지에 대해 점검이 될 수 있도록 나의 소리를 들어주고, 평가를 통해 좋은 목소리를 찾을 수 있는 지도를 받아야 한다.

# 3. 대사와 연기

무대에서 연기를 할 때 배우들 간의 대화가 물 흐르듯이 관객들에게 전달되기 위해서는 기본적으로 발음을 통한 소리가 정확해야 한다. 힘과 음량 면에서 목소리를 향상시키기 위해 발성 훈련이 사용된다면, 음성 훈련은 기본적으로 음역, 개방성, 표현력, 유연성 등의 음조를 다루게 된다. 또한 화술 훈련은 명료한 발음, 사투리, 리듬 등을 다루게 된다. 이 두 훈련은 호흡, 신체 이완, 감정 작업 등에서 공통적인 부분이 있다.

또한 배우는 무엇을 왜 하는지 스스로 깨달아야 한다. 그래야 자신의 연기에 대한 책임을 질 수 있으며, 자기가 원하는 것들을 변화시킬 수 있다. 역할은 달라지는데 매번 같은 연기로 대응할 수 없기 때문에 사용하는 신체기관을 잘 파악해야 하고, 이를 능동적으로 다룰 수 있어야 한다. 연기자는 자신의 배역에 맞춰 다양한 표현을 할 수 있게 되면서부터 자신의 무한한 잠재력을 깨닫게 될 것이다.

## (1) 대사의 구조와 실체

먼저 대사를 살펴보면 모든 연기의 대사는 시작, 중간, 마지막으로 구성되어 있다. 일상에서 어떤 말을 할 때는 이유나 동기가 분명하게 존재하듯이 말을 하는 시작은 호흡이다. 시작이 있다면 마지막도 있는데, 이때는 대사가 갖고 있는 의도의 여운이 끝까지 이어져야 한다. 쉽게 말하자면 시작 부분의 연기는 대사를 말하게 되는 동기나 기분의 호흡 연기인 것이고, 중간 부분의 연기는 대사 자체, 호흡의 힘으로 소리를 내는 것을 말한다. 마지막 연기는 대사가 끝난 후의 시선, 표정, 말없이 바라보는 것 등의 연기인 것이다.

예를 들면 여주인공에게 직장 상사가 말도 안 되는 이유로 면박을 주자, 여주인공이 혼자 휴게실에서 화풀이 하는 장면이라고 생각해 보자.

"웃겨, 정말. 난 정말 열심히 하는데, 왜 나한테만 뭐라고 하는 거야? 내가 노력하는 건 안보이냐고. 세상에 트집 잡으려면 안 잡힐 사람이 어디 있어? 그렇게 안 좋은 면만 보려고 하니까 이러는 거잖아. 아, 정말 그렇게 사람을 면박주면 기분이 좋은 거냐고!"

여기서 첫 번째 대사, 즉 '웃겨, 정말'의 적절한 시작 부분으로써의 '호흡'을 생각해 보자. 직장 상사가 뭐라고 한 것에 대한 '어이없고, 기분 나쁨'의 감정 호흡이다. 화가 난 듯이, 숨을 거칠게 내쉬듯이 목소리에 힘을 실어 내뱉는 감정적 호흡이라는 것이다. 어떠한 감정적 호흡이건 배우는 '웃겨, 정말'이란 대사를 시작할 때 시작 부분에 감정적 호흡 연기를 해야 하는 것이다. 즉 '정말 화난다'라는 의미의 한숨을 쉬거나 한 손을 이마에 대는 등의 다양한 방법으로 연기를 시작하면서 중간 부분의 '웃겨, 정말'을 해야 하는 것이다. 그리고 '웃겨, 정말'의 대사를 마치고 나서는 '정말로 어이없다'는 표정과 호흡을 마지막까지 연기로써 지속시켜야 하는 것이다. 정리하면 시작 부분의 '어이없고, 화난다'란 감정의 호흡 연기, 중간은 실제 대사 '웃겨, 정말', 그리고 마지막 연기는 '어이없다'라는 감정의 지속적인 표정과 호흡 연기를 유지해야 한다. 이렇게 대사를 하고 나서 순간적으로 느껴지는 즉흥적인 기분과 이 기분에 맞추어 두 번째 연기를 시작하는 것이다. 여기서 시작과 유지를 잇는 호흡이 있음을 잊지 말아야 한다. 연기자 스승들이 가르칠 때 많이 하는 말 중에 '사람들에게 무슨 일이 일어나는 지 알아내는 방법 중 하나가 바로 그들이 어떻게 호흡하는지 지켜보는 일이다.'라는 말이 있다. 나도 이 말에 절대적으로 동감하는데, 사람들을 살펴보면 전달 의도에 따라 호흡이 달라지는 것을 알수 있다. 위기의 순간과 화가 났을 때, 편안할 때, 즐거울 때의 호흡은 모두 다르다. 또한 이를 정확한 소리로 표현하기 위해서는 좋은 발성을 기본으로 한다. 연기와 노래에 있어 호흡과 발성은 아무리 강조해도 부족함이 없다.

한편, 대사를 살펴보면 일반 사람들이 자연스럽게 주고받는 일상적인 대화나 말하기는 비슷하지만 엄연히 다른 특징을 가지고 있다. 대사는 일상적인 생활 언어이지만 작가가 만들어 놓은 재창조적 창작 언어로 많은 의미가 압축되고 절제되어 있는 글이다. 따라서 대사는 단순한 것이 아닌, 인간의 감정을 중심으로 내적 갈등과 행동이 함께 정교하게 설계된 것으로 그냥 외운다고 할 수 있는 것이 아니다. 왜 이런 대사를 하는지 '누가, 언제, 어디서, 무엇을, 어떻게, 왜'라는 육하원칙에 따라 대사의 의미와 뜻을 정확히 이해하고 연습이 수반되어야 한다. 연기자는 맡은 역할의 캐릭터를 창조해야 한다. 그리고 연기를 시작하는 것이다.

그런데 배우들이 처음 시작할 때 흔히 하는 실수가 '내게 자연스러우면 다들 자연스러운 연기로 보겠지'라고 착각하는 것이다. 하지만 자신에게 자연스러운 연기라고 해서 지켜보는 모든 이들에게도 자연스러운 연기라고 생각하면 안 된다. 왜냐하면 연기의 자연스러움이란 생활의 자연스러움과 다른 면이 있기 때문이다. 그 이유는 다음과 같다.

첫째, 극은 현실보다 훨씬 시간적으로 압축되어 있다. 극에서 연인들이 서로 만나 사랑에 빠지기까지 5분이 채 걸리지 않는다. 대부분 만나자마자 첫눈에 사랑에 빠지고, 무슨 일도 없는데 그저 열렬한 사랑을 하게 된다. 이를 생활로 적용시키면, 만남을 통해 여러 가지 에피소드들이 일어나면서 점점 가까워지고, 그러면서 사랑하고 있다는 것을 깨닫게 되고, 누군가 먼저 고백을 하고 그 과정에서 복잡하고 다양한 상황들이 발생하게 된다. 하지만 이 시간들을 리얼타임으로 넣는다면 관객들은 지루해한다. 연극이나 뮤지컬에서 시간은 항상 압축되어 있다. 그러므로 배우는 연기를 간결하게 하고 짧은 시간 안에 집중해서 해야 한다.

둘째, 연기 내용은 대부분 강렬한 감정들이 많다. 예를 들어 사랑하는 연인과 데이트를 하는데 연인의 옛 애인이 찾아왔다. 연인은 갈등을 하는데 상대방은 이를 눈치 챈다. 이를 극적으로 표현하면 배우 두 명이 세상에서 가장 행복한 표정으로 3~5초 정도 연기를 하다가 다음 장면으로 바로 넘어가 옛 애인이 찾아온다. 그러면서 분위기가 완전 반전되어 심상치 않게 흐르게 된다. 하지만 실생활이라면 데이트를 하는 시간도 길 것이고, 여기저기 왔다 갔다 하면서 다양한 에피소드들이 생기게 될 것이다. 하지만 이러한 실생활을 관객들이 리얼타임으로 본다면 지루해 할 것이다.

세 번째, 실생활에서 사람들의 대화 소리는 크지 않고 감정 표현이 연기보다는 작은 편이다. 물론 사람들 중에는 그 감정 표현이 풍부한 사람도 있겠지만 대부분 대화를 하고 있는 상대방만 눈치 챌 수 있는 표현을 하게 된다. 하지만 극은 그렇지 않다. 배우들 간의 대화도 그렇지만, 이를 통해 관객들에게 현재의 내용을 전달해야 한다. 이를 위해 행동이 오버되고 소리도 커야 한다. 결국 자연스럽게 평소 생활대로 하는 것은 극에서는 오히려 '자연스럽게 보이지 않는다'라고 할 수 있다. 결론적으로 극의 내용은 시간적으로 압축되어 있기 때문에 시간적으로 절제된 간결한 연기를 해야 한다. '절제된 행동', '강렬한 욕망 및 강렬한 행동', 그리고 오버된 행동연기, 확대된 음성 등이 극의 사실주의적 원칙을 따를 때 비로소 '자연스러운 연기'를 할 수 있게 되는 것이다.


## (2) 대사 찾기

다양한 연기 연습 방법이 있지만 필자는 대본을 손에 들지 않고 대사를 찾아가는 연습 방법을 권하는 편이다. 이것은 기존 방식과는 또 다른 흥미와 재미가 있는 연습 방법이다. 대본은 수많은 사건들로 이루어져 있는데 초기 연습 때부터 배역이 처한 상황, 즉 장면의 사건들을 파악하고 해당 사건이 무엇을 말하고자 하는지와 그에 따른 행동을 찾아야 한다. 연기자 자신이 먼저 대본이 얘기하는 극중 상황으로 들어가 보는 것이다. 대본을 2~3회 읽은 후에 대사 찾기를 시작하게 되는데 처음부터 완벽하게 완성할 수 있는 것이 아닌, 극 중 상황에 대한 이해와 분석을 통해 순차적으로 작은 사건에서 큰 사건으로 이어지게 된다. 한 작품에는 전체적인 주제 속에 여러 장면의 상황들이 전개되는데 아무리 작은 사건일지라도 의미 없이 전개되는 것이 아닌, 작가가 필요에 따라 넣은 의도적인 상황과 상황이 이어져 있다. 극 중 역할 역시 그냥 무미건조하게 들어간 인물이 아닌, 상황에 반드시 필요한 인물이며, 배경과 성격과 습관 등이 고려되어 설계된 인물이다. 만약 이에 대한 분석과 이해 없이 연기를 하게 된다면 어떻게 될까? 연습 시 대본에 적힌 대사만 읽는다면 그것을 연기라고 말할 수 있을까?

공연을 관람할 때 특정 목소리는 잘 들리고 어떤 목소리는 잘 들리지 않는 경우가 있다. 여자의 경우 몸집이 작은 소프라노의 소리임에도 객석 뒤쪽까지 잘 전달되는 경우가 있는 반면, 몸집이 크고 성량이 좋은 남자는 도리어 소리가 멀리 나가지 못하는 경우가 있는데, 이것은 울림으로 자음소리를 덮어 발생하는 일이다. 그러나 소리가 잘 안 들리는 이유의 대부분은 연습할 때부터 상황에 따른 대사 자체를 이해하지 못한 상태로 연기를 하는 것에 있다. 배역 및 상황에 대한 정확한 이해를 하지 못한 상태에서 대사를 암묵적으로 암기만 하다 보니 연기에 자신이 없고, 그만큼 진실한 소리를 낼 수 없게 되는 것이다. 상황과 역할에게 주어진 특징, 그에 따른 대사를 이해하지 않고 연기하는 것은 정형화된 인물에 나의 존재를 꿰어 맞추는 것과 같다. 즉 다른 사람의 노래를 들으면서 모창으로 흉내 내는 것이 아닌, 하나의 햄릿 이야기에서 수없이 다양하게 재해석된 햄릿이 있었듯이 연기자 자신만의 인물 창조가 필요하다는 말이다.

노래 훈련을 할 때도 곡을 해석하고 악상 기호에 맞는 음악적 감정(feel)으로 훈련하여 완성된 곡을 부르듯, 연기자에게 있어 대본을 이해하고 분석하는 능력은 너무나 중요하다. 이러한 분석이 있어야만 극의 상황과 사건을 이해하고 상황에 맞게 행동하여 극 상황을 자기의 상황으로 만들어 갈 수 있기 때문이다. 이것은 극 중 배역에 맞는 자신의 소리를 자유롭게 만들어 낼 수 있고, 상황에 따라 소리를 크게 내거나 작게 내야 하는지를 충분하게 인지하고 있다는 것이기도 하다. 즉 감정을 이해하면 밑그림을 그릴 수 있으며 작은 사건들이 모여 전체 사건으로 극을 만들어 갈 수 있다.

때문에 극은 하나의 꼬치구이와 같다는 말을 많이 한다. 꼬챙이에 갖가지 재료가 꽂혀있다고 가정한다면, 여러 개의 꼬치들은 사건이고, 관통하는 관통 선은 극이 말하고자 하는 목표이다. 예를 들어 교사가 학교에 가기위해 아침을 먹고 샤워를 하고 옷을 다림질하는 것은 강의를 위해 준비하는 것도 되지만, 다르게 보면 학교에 가기 위한 일상생활일 수도 있고, 흔히 아침시간에 일어날 수 있는 있는 사건일 수도 있다. 이 모든 행동들이 학교에서 학생들을 가르치기 위해 일어나는 행동은 아니지만 궁극적인 목표는 학교가 된다는 사실이다. 이러한 극의 목표와 작은 사건들의 의미와 자신의 역할에 대해 충분한 이해를 바탕으로 연기에 임해야 하는 것이다. 처음부터 훈련생 혼자 이 모든 것을 파악할 수는 없기에 좋은 스승과 함께 장면 장면을 연습하는 1:1 수업이 반드시 필요하다. 그래서 필자는 선생 한 명에 다수의 학생을 가르치는 연기수업보다는 도제 시스템[1]이 반드시 필요하다고 본다.

이런 이야기로 예를 들어보자. 어떤 수련생이 도자기를 배우기 위해 좋은 스승을 찾아 나섰다가 알게 된 스승 밑에서 배우게 되었을 때 처음부터 모든 기술을 전수받지는 못한다. 처음에는 빗자루 쓸기부터 시작하여 도자기에 필요한 재료 찾기 등 온갖 잡일을 도맡아 하면서 도자기를 만드는데 필요한 기본 지식을 습득한 뒤 오랜 시간이 흘러 때가 되었다고 판단될 때야 비로소 스승은 제자에게 기술을 전수하기 시작한다. 가르칠 때 한 가지도 호락호락하게 넘어가는 법이 없다. 재료의 성질, 다루는 법, 공구를 사용할 때의 지켜야 할 규칙들을 세심하게 1:1로 알려주며 엄격하게 훈련시킨다. 필자가 말하는 도제 수업이란 이런 것이다. 노래 수업은 많은 악상 기호를 통해 노래를 만들어 가야하는데, 악상 기호들을 잘 알고 있다면 작곡가의 의도를 어느 정도는 파악할 수 있다. 반면에 대본은 작가의 의도가 글 속에 담겨 있기에 연기자는 작가가 의도한 속뜻(subtext)을 파악하기가 그리 녹록지 않다. 어린 아이를 보고 "예쁘다"라고 말할 때에는 '귀여움'과 '예의상'과 '작은 아기의 사랑스러움' 등의 속뜻을 알아야 한다. 나이 든 분들이 "바쁜데 왜 오

1) 스승은 제자에게 절대적 존재가 되어 기술교육과 함께 인성교육이 이루어진다.

니?"라는 의미 뒤에 '보고 싶었다', '오느라 힘들진 않았는지', '오느라 수고했다' 등의 의미를 잘 이해해야 하는 것이다. 그러나 연기를 처음 접하는 이들이 이런 것들을 모두 알아채기에는 무리가 많다. 따라서 좋은 스승 밑에서 1:1로 세심하게 자신의 연기를 지켜보며 작은 행동과 습관까지도 잡아 줄 수 있는 가르침을 받아야 한다.

또한 스승에게서 얻을 수 있는 것 외에 스스로 노력해야 할 것들도 있다. 배우 스스로도 작품을 이해하고 해석하려는 노력이다. 작품을 이해하기 위해서는 분석력이 절대적으로 필요한데 분석을 잘하기 위해서는 많은 텍스트(text)를 읽는 것이 도움이 된다. 즉 책을 많이 읽게 되면 자연스럽게 분석력이 향상된다. 또한 인물 형성화 작업에 좋은 방법은 등장인물의 자서전을 써 보는 것이다. 단순하게 짧은 인생을 그려보는 것이 아닌 5년이나 10년 주기로 세월을 겪어온 인물의 신체 사이즈, 얼굴의 생김새, 머리의 헤어스타일, 성격, 나이 등을 생각해 보는 것이다. 대본에 제시된 인물의 한평생을 그리며, 자연스럽게 인물에 대한 분석을 통한 자신만의 해석을 기반으로 인물을 보다 구체화 하여 새로운 인물을 창조할 수 있게 된다.

## (3) 대사 듣기

배우는 듣는 훈련이 필요하다. 앞에서 언급했듯이 대본은 암기하는 것이 아니라 나의 생활언어로 대사를 만들어 가는 작업이다. 공연이 진행될 때 상대방의 대사를 듣지 않거나 상대방 대사의 시작과 끝만 기억하여 상대방의 대사가 끝남과 동시에 나의 대사만 일방적으로 하는 경우가 있다. 물론 긴장에서 오는 실수겠지만 이런 실수를 하지 않도록 반복적인 연습이 필요하다.

대부분의 사람들은 상대방의 말이 끝나기 전에 자신의 말을 어떻게 전달해야 할지에 대해서만 집중하는 경향이 있다. 한 쌍의 남녀가 거리에서 말다툼을 할 때를 생각해 보

자. 상대방의 말을 들으려 하지 않고 자기의 주장만 앞세우다보니 끝나지 않는 논쟁을 벌이는 것을 종종 볼 수 있다. 이렇게 듣기 훈련이 부족한 모습을 생활 속에서 많이 발견할 수 있는데, 어떤 사람을 만나 취미, 사는 곳, 나이, 주소 등 다양한 이야기를 나누었는데도 불구하고 정작 이름이 기억나지 않거나 무슨 이야기를 했는지 기억하지 못하는 경우 등이다. 이것은 상대방이 무슨 말을 하는지 주의 깊게 듣지 않는 것에서 비롯된다.

대부분 초보 연기자에게 나타나는 현상이긴 하지만, 혼자 연습을 하다 여러 사람들과 같이 리딩하게 되면 남에게 자신이 평가 받는 것에 더 집중하는 경향이 있다. 인물 설정에 대한 충분한 분석이 되어 있지 않은 상태에서 대본에 적혀 있는 것을 검토하기도 전에 목소리 톤과 감정을 만들어 소리를 지르면서 연습에 임했던 기억이 연기자들에겐 한 번쯤은 있었을 것이다. 이는 무엇인가를 빨리 보여줘야 한다는 부담감에서 나타나는 현상이다. 다시 한 번 강조하지만 혼자가 아닌 다른 사람들과 함께 연습할 때는 전적으로 상대방의 대사에 귀를 기울여 연기해야 한다. 연습과 실전 무대에서의 감정의 변화는 미묘하게 다를 수 있다. 생각지 못한 세트, 조명의 밝기, 마이크 소리와 실제 관객들을 보면 긴장으로 인해 집중도가 떨어질 수 있다는 점도 생각해 둬야 한다.

따라서 경험 있는 연기자는 공연 시 연습과정을 통해 극의 흐름, 등장인물들 간의 관계, 작품의 목표와 상대 배역의 대사 등을 이미 알고 있다고 하여 상대방의 반응을 무시하고 자신의 배역이나 자기 목소리에만 집중하게 되는 경우를 주의해야 한다. 듣는 훈련이 되어있지 않으면 극이 진행될 때 상대방의 감정을 파악하지 못하고 나의 목소리를 어느 정도의 크기와 높낮이로 내야하는지 가늠할 수 없게 된다.

이렇게 생각해 보자. 상대방의 말과 행동은 나에게 좋은 영양제와 같은 힘의 원천이 된다. 무한한 가능성을 만들 수 있는 밑거름으로 여기고, 상대 배역의 리듬과 감정을 받아서 늘 새롭게 반응하며 연기를 할 수 있게 될 것이다. 매번 공연 때마다 상대방의 호흡과 느낌이 바뀌듯이 나의 호흡과 감정 또한 상대방으로 인해 바뀌며 교감하는 공연이 이뤄지게 될 것이다. 결국 관객들 또한 호흡이 잘 맞는 공연을 보고 박수를 보낼 것이며, 같은 제목의 공연이라도 한 번이 아닌 여러 번 공연을 보고 싶어 할 것이다.

# 4. 음성과 화술의 훈련법

무대에서 배우에게 요구되는 가장 중요한 것은 자신의 마음을 효과적으로 관객에게 전달할 수 있는 능력이다. 무대에서 배우가 마음을 직접 전달하기 위해 가장 많이 사용하는 것이 음성 언어이다. 그렇기에 배우는 수없이 많고 다양한 음성 언어를 표현하는 방법을 연구하고 습득해야 한다. 가장 첫 번째는 입을 통해 전달하는 '말하기'이다. 이것은 작가가 작성한 대본을 읽고 소리로 표현한 대사를 말하는 것인데, 글자를 언어로 소리내기 위해서는 정확한 발음이 중요하며, 이를 위해서 연습하는 것이 바로 음성 훈련과 화술법이다.

음성 훈련은 정직한 소리로 내는 막힘 없는 음역대, 부드러운 소리의 셈과 여림, 자연스러운 감정 표현을 위해 꾸준한 발성 연습을 기본으로 한다. 화술법은 호흡 발성, 말하기의 발음 원리와 훈련 및 표준어 발음법, 리듬, 띄어 읽기, 쉼표, 어미와 어두의 처리 방법, 사투리를 고치는 훈련과 각종 음운 현상 및 법칙 교육을 필요로 한다. 여기에 음성 훈련과 화술에 공통적으로 사용되는 호흡 훈련, 신체이완 훈련을 기반으로 표현에 있어 가장 중요한 감정이입을 익히게 된다.

## (1) 음성 훈련

배우들이 음성 훈련을 하는 이유는 음성기관을 개발시키기 위해서이며, 자신의 감정을 만나는 작업이기도 하다. 즉, 음성으로 감정을 표현하는 방법을 배우는 것이다.

처음에는 정직한 목소리를 찾는 일로 시작한다. 정직한 목소리는 배우가 느끼는 것을 관객이 공감할 수 있도록 돕기 때문에, 배우는 자신의 정직한 목소리를 찾아야 한다. 흔히 생각하기를 정직한 목소리는 조용한 목소리로 착각하곤 하는데, 정직한 목소리는 자신의 목소리이기 때문에 단순하지만 그 이상의 무엇이 있다. 조용함은 그저 조용함일

뿐이다. 정직한 목소리는 관객이 배우의 마음을 읽을 수 있도록 하는 인위성이 배제된 솔직한 전달방법이다. 따라서 훈련으로 개발된 음성의 유연한 힘은 정직한 목소리를 만드는데 도움이 된다. 또한 극을 진행함에 있어 상대 배우의 목소리를 듣는 것도 중요한데, 상대의 목소리에 자신이 반응한다는 사실을 아는 이들은 많지 않다. 매우 자연스럽게 일어나는 일이기에 인식하기가 어려운 것이다. 인위적인 테크닉으로 자의식에 찬 소리를 내는 배우는 아마도 다른 배우들의 소리를 듣지 않고 있는 것이다. 너무 큰 목소리나 작은 목소리로 이야기하는 배우들 역시 마찬가지다. 이유는 서로의 소리 차이가 관객들이 느끼기에는 이질감이 있기 때문이다. 상대 배우의 소리를 열심히 듣는 배우는 진정으로 반응할 수 있게 되고 진실한 마음을 담아 정직한 소리를 낼 수 있게 된다. 이미 눈치 챈 이들도 있겠지만 정직한 소리는 앞서 배운 복식호흡을 통해 얻는 발성이다. 이미 발성 훈련을 하면서 정직한 목소리를 찾기 시작한 것이다.

하지만 너무 정직해진 나머지 자신이 무대 위에 있다는 것조차 망각해 버리는 이들도 있다. 훌륭한 연기를 하는 배우가 되고 싶다면 자신을 잃지 않는 '자각' 상태를 유지해야 한다. 가끔 훈련을 하는 이들 중에 '연기를 할 때 호흡이나 신체, 음성에 대해 생각하기 어렵다.'라고 불평을 한다. 나는 그때마다 이런 답변을 한다. '연기를 할 때 무대의 중간이나 자신이 서 있어야 할 위치를 모르게 되나요?' 아니다. 충분히 알 수 있다. 자신이 나가야 할 방향이기 때문이다. 혹은 무대 위에서 앉기로 한 의자가 다른 위치에 놓여 있다면 다음 연기를 위해 자연스럽게 옮기기도 해야 한다. 그만큼 자각하는 것은 매우 중요하다. 배우는 빈 공간에서 연기하는 것이 아니기 때문이다. 따라서 늘 자각하고 있는 상태라면 질 좋은 소리를 내는 것이 어렵지 않다는 것을 깨닫게 된다. 아직도 그런 생각이 있다면 무심코 내는 소리까지 좋은 소리가 될 수 있을 만큼 더 훈련하라고 말하고 싶다.

한 가지 더 오류에 빠지기 쉬운 것이 있다면 음성 훈련을 연기 훈련과 동일시 여기는 것이다. 연기 훈련과 병행해서 이뤄지는 음성 훈련은 결코 성공하기 어렵다는 것을 말하고 싶다. 음성 훈련은 기본적으로 소리를 내는데 있어 필요한 훈련이다. 연기를 할 때 음성을 내는 방법에 집중하게 되면 진실한 연기를 방해하게 된다. 앞에서 말한 자각은 분명 필요하지만, 훈련에 있어서 연기를 시작하기 전 음성을 먼저 완성시켜야 하는 것이다. 자연스럽게 음성을 낼 수 있을 때 연기를 시작하면 보다 더 풍부하고 진실한 연기를 할 수 있게 된다.

　음성 훈련을 하는 방법 중 가장 많이 사용하는 방법은 3단계로 소리를 내보는 것이다. 이것은 발성을 통한 소리 내는 방법을 이미 완성한 것을 기본 전제로 한다.

**"나 지금 너무 화가 난 상태야. 네가 나한테 어떻게 그럴 수 있니? 그런 일을 할 때 나한테 일어날 일에 대해서 생각은 해 봤니? 솔직히 지금 크게 뒤통수를 맞은 것 같은 기분이야. 어떻게든 네가 해결해. 지금 당장!"**

위 대사를 조용하게 말해본다. 그 다음에는 좀 더 크게 말해보고, 마지막에는 소리를 완전히 풀고 분노에 찬 소리를 낸다. 이때 발성을 통해 울림 있는 소리로 내본다. 직접 해보면 배우가 어떻게 자신의 목소리를 사용하고 있는지 쉽게 깨달을 수 있다. 이런 식으로 자주 연습하다보면 대본에 적힌 감정의 흐름에 맞는 소리를 낼 수 있게 된다.

　계속 언급하지만 음성 훈련을 할 때 발성이 기본으로 전제되어야 하는 이유는 기본적으로 목소리는 들려야 하기 때문이다. 발성 훈련을 통해 확대된 음량과 향상된 소리의 질은 더욱 크고 정확한 목소리를 만들어준다. 그렇다고 무조건 큰 목소리가 좋다는 것은 아니다. 이를테면 크게 이야기해야 할 때는 목소리를 조금 더 편안하게 하면 효과적인 목소리를 만들 수 있다. 편하게 만들어주는 '이완'은 밀어내거나 힘을 쓰는 것이 아닌, 흘러가게 내버려 두는 것을 의미한다.

　또한 목소리의 힘을 필요로 하는 연기들이 있다. 배우는 힘이 요구될 때 힘 있게 표현할 수 있어야 하며, 절제할 때 절제해야 한다. 목소리의 힘은 공명을 내는 신체 부분을 울림으로 표현한다. 분노를 표현할 때 음 높이를 높여 버리는 방법을 쓰면 팽팽하고 쇳

소리 같은 약한 소리를 만들고 만다. 하지만 복식호흡을 통해 올바른 공명 기관을 활용한 울림이 있는 소리는 목소리에 진정한 힘을 갖게 한다. 그래서 우리는 공명 훈련도 함께 하는 것이다. 배우는 표현해야 하는 감정의 양만큼 울림을 이용할 수 있어야 한다. 연기를 한다고 소리를 작게 내거나 크게 내지 말라는 것이다. 목소리가 개방되어 있다면 노래를 하거나 대사를 하더라도 동일한 빛깔의 소리를 알맞게 낼 수 있게 된다. 즉 신체기관을 자유자재로 활용하여 상황에 맞는 소리를 섬세하게도 강하게도 표현할 수 있는 능력을 갖추는 것은 배우를 강하게 만들어준다.

## (2) 화술법

화술은 연기자가 어떻게 발성하는지에 따라 결정된다. 다만 소리를 내는 것에서 많은 이들이 음성과 화술을 혼동하는 경우가 있다. 무대 발성에 있어 목소리를 높이는 것은 음성이고 효과적으로 목소리를 조절하여 관객에게 전달하려는 의도가 화술이다. 따라서 음성이 좀 부족하더라도 화술을 잘 발휘하면 좀 더 나아보이는 연기를 할 수 있게 된다. 사실 음성 훈련의 기본인 호흡과 발성은 후천적으로 반복적인 훈련을 통해 계발이 가능한 영역이다. 하지만 긴장에 대한 조절, 판단, 리듬, 감각 등 즉흥적으로 표현될 수 있는 부분들은 선천적으로 재능이 필요하다고 말한다. 따라서 화술을 배우는 방법은 음성 훈련과는 다른 방법으로 접근해야 한다.

먼저 화술을 이해하려면 대본이 뜻하는 바가 무엇인지 해석할 수 있어야 한다. 대본은 작가가 극을 이끌어 가는데 있어 표현을 목적으로 쓴 것이다. 연주가가 악보를 제대로 읽고 표현해야 하듯이 배우 역시 대본을 제대로 파악하여 연기를 해야 한다. 연기자들이 화술에서 실패하는 이유는 대본이라는 특성을 무시한 채 그냥 소리를 내려고 하는데 있다.

왜 이 박자와 리듬이 들어가는지 작곡가의 의도를 파악하고 연주하는 것이 너무나 당연한 일이듯, 연기 역시 마찬가지다. 다만 악보는 여러 가지 부호로 이해를 돕지만, 대본은 지문이 전부이다. 따라서 악보 연주보다 연기가 더 어렵게 느껴진다.

대본을 읽고 연기를 하는 것은 글을 목소리로 표현하는 것이어서 생각과 느낌이 목소리에 그대로 살아있다. 그래서 생각하는 리듬이나 강조, 억양 등의 운율이 목소리에 드러난다. 다만 운율은 생각과 심리들이 저절로 만들어져서 나타나는 것으로, 이를 글로 표현하는 것에는 한계가 있다. 따라서 해석에 따라 다른 연기가 나오는 것이고 관객들은 연기자에 따라 다른 극을 체험하게 되는 것이다. 따라서 연기를 위한 화술을 위해서는 목소리에 운율을 만들어 내는 연구가 필수적이다.

운율에는 역할의 성격과 정서적 공감이 스며들어 있다. 따라서 관객이 현실적으로 느낄 수 있도록 표현이 일상과 일치해야 한다. 연기에서 감정이 좋다고 평가받는 것은 운율이 말과 일치하여 리얼리티가 있다는 말이다. 현실이 아닌 연기에 있어 관객이 마치 현실처럼 느꼈다는 것은 운율이 일상과 일치했다는 말이기 때문이다. 또한 운율의 일치는 배우의 발성과 신체적 공명을 토대로 하고 있음을 말한다. 이것은 좋은 발성과 호흡을 통해 배우의 표현이 정확하게 전달되고 있다는 말과도 같다.

대본을 읽을 때 그냥 읽으면 책을 읽는 소리가 된다. 책 읽은 소리는 리듬이 없고 단조로운 반면 말하는 리듬은 현실에서 사용하는 운율이 들어간다. 따라서 배우는 말하는 리듬을 기본적으로 알아야 한다. 배우는 대사를 할 때 말이 뜻하는 의도와 목적, 내용이 무엇인지 파악해야 한다. 그리고 상황과 심리, 정서, 신체 상태 등을 알아야 한다. 여러 가지 부호로 이해를 돕는 악보와는 다르게 배우는 스스로가 대사를 분석하여 이런 것들을 파악해야 한다. 여기서 배우의 경험이나 뛰어난 직관력이 사용된다. 실제로 많은 배우들은 이런 분석 작업을 중요하게 여기고 이에 몰두한다. 하지만 간혹 정작 해야 할 대사 분석에 소홀해져 기억에 남는 연기를 하지 못하는 경우도 생긴다. 따라서 역할 분석도 매우 중요하지만 대사 분석은 직접 해야 할 연기이기 때문에 사전에 파악해 두어야 하는 부분이다.

　작품 분석 능력을 길러 역할을 맡을 때마다 자신을 버리고 새로운 인물을 창조해 낼 수 있어야 한다. 내용을 파악하는 방법은 다음과 같다.


- 주제를 먼저 정한다. 내용 파악이 끝나면 주제를 정하여 작품의 의도를 제시한다.
- 장면의 목표를 잡는다. 장면마다 이루고자하는 목표를 설정한다.
- 등장 인물을 연구한다. 사회적·경제적 위치를 분석하고 키, 몸무게, 나이, 성별, 헤어 스타일, 의상 스타일, 성격 자세 등을 연구한다.
- 인물 관계를 살펴본다. 극중 가족 관계, 애정 관계, 감정 선을 분석한다.
- 장면을 지정한다. 대사 분석 중에서 맥락을 이어가는 대사를 제시하여 장면을 정한다.


　지금까지 살펴본 바와 같이 말의 운율은 노래와 다르고, 리듬도 말하기와 노래는 다르다. 배우는 말하는 감각이 중요하므로 연기하는 부분만이 아닌, 설명하는 부분까지도 말로 전달할 수 있어야 한다. 이를 위해서는 필수적으로 복식호흡을 해야 하며 강조, 억양, 끊어 말하는 것, 수식어의 구별, 접속사 등을 구사하는 능력을 훈련해야 한다. 그리고 소리를 전달하는 주체자로서의 입장이라는 것을 망각하지 말자. 연기의 독특한 개성은 화술의 독특한 리듬에서 비롯된다. 쉽게 말해 지방에 사는 사람들을 연기할 때 현실감을 높이기 위해 사투리 리듬을 사용하는 것을 보면 알 수 있다. 따라서 배우가 화술에서 반드시 파악해야 하는 것은 작가가 대사에 어떤 리듬과 구조를 말하려고 하는가이다. 이것은 조금만 관심을 가지고 훈련하면 얼마든지 향상시킬 수 있는 능력이다. 작가가 대본을 쓸 때 배우처럼 목소리를 내면서 쓰는 경우가 많다고 한다. 그래서 배우는 작가의 호흡을 읽지 못하면 당연히 연기하기 어렵게 된다. 그래서 뛰어난 배우일수록 이 대사분석 능력이 탁월하다.

　화술에서 이렇게 완성된 연기를 하려면 훈련과 장기적인 능력이 필요하다. 아무리 뛰어난 배우라도 매번 작품의 양식이나 인물의 성격에 맞는 화술을 내기 쉽지 않아서 좋은 귀를 가진 선생의 지도를 필요로 한다. 최종적 목표는 문어체인 글 말에 소리 말과 같은 운율을 살려, 말하는 리듬으로 관객에게 효율적으로 내용을 전달하는데 있다.

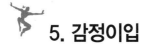

# 5. 감정이입

배우의 감정이입 방법 중의 하나는 극중 인물을 자신과 동일시하여 표현하는 극사실주의적 연기 스타일을 들 수 있다. 다시 말해 극중 인물의 내면과 배우 자신의 개인적 감정에 공통점을 찾아 연구하여 극중 인물과 심리적으로 일치시킴으로써 연기에 진실성을 담는 것이다.

역할과의 공감을 통해 나오는 진실한 소리는 작품 속에 제시된 감정을 정확하게 표현하며 관객들과 감정의 교류, 즉 소통을 가능하게 한다.

또한 표현하는 능력을 얼마나 준비하는지도 연기에 많은 영향을 끼친다. 음악가가 악기를 자유자재로 다룰 수 있다면 악기를 넘어서는 연주도 가능하다. 마찬가지로 배우가 연기를 할 때 표현 도구인 신체와 이를 통한 능력을 잘 활용할 수 있다면 표현력은 그만큼 풍부해지기 마련이다.

감정이입 연습 방법으로 주로 사용되는 것이 있어 소개해 본다. 이는 감정이 이입된 상태에서 집중하고 유지할 수 있도록 하는 연습 방법이다.

① 돌아다니면서 대사하기
② 물건을 옮기면서 호흡을 가지고 대사하기
③ 책상이나 의자를 놓고 책상 위에 올라가서 대사하기(물건의 변화를 통해 감정 변화를 만들어 내는 것이다.)

돌아다니거나 물건을 옮기게 되면 다른 것에 집중하게 되어 어조나 대사를 말하는 것, 호흡, 발성 등이 흐트러지기 쉽다. 이렇게 움직이면서 여러 행동들을 하면서 감정, 어조, 발성을 유지하는 연습을 하는 것이다. 연기란 정적으로 가만히 서서 하는 것은 거의 없기 때문에 여러 움직임을 표현하면서도 동일한 퀄리티의 감정 연기를 유지할 수 있어야 한다.

④ 설득하는 어조로 대사하기

⑤ 설교 어조로 대사하기

⑥ 간절히 불쌍한 어조로 대사하기

⑦ 화난 어조로 대사하기

⑧ 할머니, 할아버지 어조와 톤으로 대사 훈련하기


이것은 스타일 연구를 하는 방법이다. 동일한 대사로 연령대를 바꿔본다거나 분위기를 바꾸면서 대사를 해보면 어떤 감정의, 어떤 톤으로 말해야 할지를 깨닫게 된다. 다양한 스타일과 그에 따른 변화들을 몸에 익혀 필요한 감정에 따라 표현할 수 있도록 한다. 다양하게 변화를 주면서 하는 연습은 감정의 변화를 만들어 내는데 도움이 된다.

배우에게 있어 소리를 낸다는 것은 자기가 역할을 통해 느끼고 있는 것을 표현하는 것이다. 목소리가 호흡을 통해 이완되었을 때 일치하는 감정적 이완도 일어나면서 느끼고 있는 것을 표현할 수 있게 된다. 그렇다면 무엇을 느끼고 있는지 아는 것이 매우 중요한데 배우들 중에는 '아무것도 느껴지지 않아'라든가, '내가 느끼는 것을 표현할 수 없어'라고 말하는 이들이 있다. 그것은 배우에게 있어 반드시 극복해야 할 부분이다. 자신이 느끼는 것을 인지하는 것은 그 느낌이 무엇인지 파악할 수 있는 감각을 갖추라는 말이다. 배우가 자신의 감정과 단절되어 있다고 생각될 때 먼저 해야 할 일은 자신에 대한 고찰이다. 훈련 방법 중 가장 쉬운 것은 하루에도 몇 번씩 자신에게 나는 지금 무엇을 느끼고 있는지 묻고 설명해 보는 것이다. 계속 시도하다보면 결국에는 자신이 무엇을 느끼고 있는지 답을 얻게 되는데, 이것을 표현하는 것이 연기이다.

한편 일상에서 감정을 분출할 때 경직되는 경우가 없지만, 인위적으로 감정을 내야 하는 연기에서는 감정으로 인해 몸이 경직되거나 불필요한 힘이 들어가는 경우가 종종 있다. 그래서 감정을 통해 목소리가 커지는 것이 아닌, 오히려 목소리가 작아지는 현상이 나타난다. 이것은 감정으로 발성이 방해를 받은 것으로 호흡이 방해를 받으면 운율도 단조로워지면서 연기에 실패한다.

　생각해보라. 생활 속에서 감정이 분출하면 자연스럽게 목소리도 커진다. 서로 싸울 때 보면 싸움이 격해질수록 언성이 높아지는 것을 볼 수 있다. 따라서 연기 시 발성이 감정에 방해받지 않도록 이완시키는 것에 신경을 써야 한다. 구체적으로 설명하면 감정의 분출이 커질수록 강력한 호흡을 발생시켜서 상체를 이완시키고, 말하려는 강력한 의지를 발동하여 감정에 따라 목소리가 커지도록 해야 한다. 좋은 배우일수록 감정의 변화에 따라 효과적으로 소리 에너지를 활용한다.

　감정에 따라 소리가 달라지는 이유는 감정에 의해 목소리의 공명 부위가 달라지기 때문이다. 기쁘면 호흡도 활발하고 크게 움직이지만 우울하면 반대가 된다. 편안하고 안정될 때에는 낮은 소리가 나지만, 흥분했을 때에는 높은 소리가 난다. 감정에 따라 공명의 부분이 달라지므로 목소리 톤에도 많은 변화가 있다는 말이다. 그렇기 때문에 신체가 열린 상태에서 감정을 표현할 수 있어야 발성이 방해받지 않고 목소리가 자유자재로 변하게 된다.

# 6. 무대에 대한 이해

　무대 위에서 자신의 모든 것을 보여줘야 하는 배우는 무대에 대해 어느 정도는 알고 있어야 한다. 그렇다면 뮤지컬 무대는 연극 무대에 비해 무엇이 다를까? 사실 연기적인 면에서는 크게 다르지 않다. 연극 대사에 멜로디를 붙여서 노래 부르면 음악극이 되고 더 나아가 무용을 곁들인다면 뮤지컬 무대에도 손색이 없을 것이다. 하지만 무대는 좋은 소리와 좋은 모습을 보여주기 위해 점점 성장해 왔다. 연기자는 무대 위에서 단순히 연기만 하는 것이 아니다. 연기자의 소리가 공연장을 울리는 정도에 따라 관객들에게 좋은 소리를 전달할 수 있는지의 여부가 결정되기 때문이다. 따라서 연기자들은 자신이 소리 낼 무대의 양식과 특징을 이해하고 있다면 더욱 좋은 연기를 할 수 있게 된다.

　이번에는 무대의 변천사에 대해 알아보도록 하자. 초기 인류에 있어 동굴은 여러 가지 제례 행사나 여흥을 즐기는 장소로써 공연장의 시초로 볼 수 있다. 동굴에서 평지로 주거지 이동을 하면서 사람들은 자연스럽게 동굴에서 듣던 울림을 찾게 되었고, 그렇게 고대 그리스의 반원형 극장 형태가 만들어졌다. 극장 내부에는 음을 반사시키는 능력이 뛰어난 대리석과 화감암 등을 사용하였으며, 소리의 분산을 막기 위해 반원형으로 설계되었다. 다만 지붕이 없었기에 천장을 울리며 들리는 소리를 위해 객석의 각도를 조정하여 음향적으로 보완했다. 무대는 객석의 뒤편과 같은 높이로 세워서 무대 뒤로 새어나갈 수 있는 소리를 제한하여 효과적으로 울림이 있는 공연장을 만들었다. 이를 보다 구체적으로 살펴보면 좋은 소리의 전달을 위해 무대가 객석보다 밑에 설계되었고 천장이 없는 것을 보완하기 위해 객석 뒷벽에 아치형 로지아(한 쪽 벽면이 트인 복도)를 만들어서 객석 뒤로 빠져나가는 소리를 무대로 다시 돌아오게 설계하였다. 이로 인해 무대 위 연기자들은 정확하게 자기 소리를 들을 수 있었고 그에 맞게 볼륨을 조절하여 배우들 간의 앙상블을 만들어갔다. 또한 무대에 벽을 객석 뒷벽의 높이와 같은 크기로 세워서 극장 안에 잔향이 남아있도록 하였다.

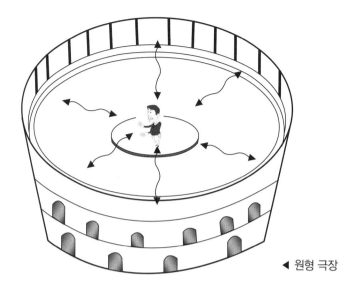

◀ 원형 극장

고대 로마 제국은 그리스의 반원형 극장을 활용하여 배우의 목소리가 더 새어나가지 않도록 반원을 합쳐 한 원으로 만들고, 중앙에 무대를 만들었다. 바로 이것이 유명한 콜로세움 그레코-로마노 극장이다.

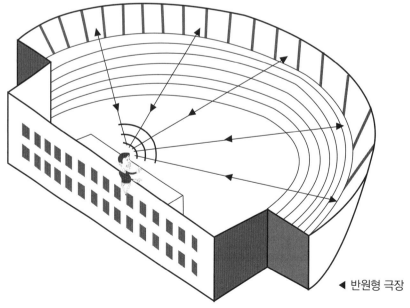

◀ 반원형 극장

12세기에 착공하여 200여년의 세월동안 완성된 '피사의 세례당'은 파이프 오르간처럼 소리가 울리게 설계되었는데, 그 울림의 비밀은 지금도 알 수 없는 수수께끼로 남아 있다. 이 세례당의 음향 효과가 뛰어난 것에 영향을 받았던 건축가 브르넬스키는 1466년에 이탈리아 중부 도시 피렌체의 '꽃에 성모 마리아 대성당'에 라틴 십자가 모형이 교차하는 지점에 돔 설계를 하였다. 당시에는 이해할 수 없는 건축이라 모두가 실패할 것이라고 비난했지만 14년 후 그는 돔을 완성시킨다. 대성당에서 들리는 아름다운 소리에 영감을 얻은 르네상스시대의 대표 조각가이자 회화가인 미켈란젤로는 건축가로서 바티칸 대성당에도 돔을 올리는 것을 설계하고 이를 완성했다. 이후 시대적 변화와 함께 많은 연구와 경험을 토대로 다양한 돔 천장이 건축에 도입되었는데, 공연장도 마찬가지다. 대표적 건축물을 꼽자면 말발굽 모양의 공연장인데, 확성기가 없던 시절 연기자의 목소리가 최대한 아름다운 소리로 공명되어 청중에게 전달될 수 있도록 돔 천장을 활용하여 극장을 설계했다.

돔과 말발굽 모양의 공연장과 객석의 조화는 한동안 유지되다가 확성기와 음향 설비의 발달로 배우가 확성기(마이크)를 착용하게 되고, 자연 울림이 아닌 스피커를 통해 소리가 전달되는 시대를 맞이하게 되면서 공연장도 그에 맞게 변화해갔다. 산업 혁명 이후 눈부시게 문명이 발달하면서 수많은 사람들이 여가 활동을 즐기기 시작하였고, 이들을 위한 대형 무대가 생겨나기 시작하면서 음향 설비 역시 대형 무대에 맞게 설계되기 시작했다. 음향 기기의 발달로 큰 소리만이 아닌 디테일한 작은 소리의 울림까지 요구되면서 공연장은 음향 설비의 체계화를 필요로 하게 되었다.

공연장의 직접음과 간접음, 반사음 등의 물리적 특성이 모두 고려된 설계가 필요했고, 특히 메아리 소리와 같은 잔음은 여운을 판가름하는 중요한 음으로써, 이를 살리기 위해 많은 설계사들이 고심했을 것이다.

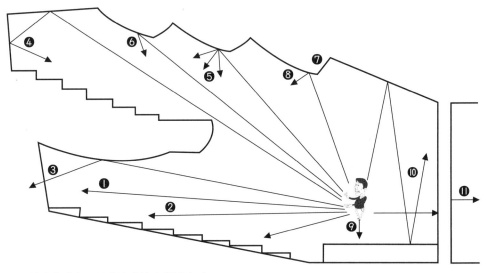

▲ 공연장의 평면도, 무대와 객석의 음향적 기능

❶ 거리에 따라 달라지는 음원    ❷ 관객에 의해 흡수된 소리
❸ 객석 후벽 반사음    ❹ 2층 객석의 후벽 모서리 반사음
❺ 객석 천장의 확산된 소리    ❻ 객석 천장의 굴절된 반사음
❼ 객석 천장의 공명된 소리    ❽ 음원의 최초 반사음
❾ 무대 마루판 바닥의 공명된 소리    ❿ 무대 천장의 반사된 소리
⓫ 무대 후방벽으로 통과된 소리

    중세시대 말발굽 모양의 대표 공연장은 이탈리아 밀라노에 위치한 라 스칼라 극장이다. 초기 말발굽형 공연장은 객석 벽면에 5층~6층 규모의 박스석을 구비했는데, 귀족들은 이것을 개인 소유로 구입하여 매일 저녁 이곳에서 저녁을 먹고 차를 마시며 놀다가 귀에 익숙한 아리아나, 자신이 좋아 하는 가수가 나오면 잠시 무대에 관심을 가지는 정도의 살롱과 같은 장소로 사용했다.

    초기 말발굽 극장의 소리 전달은 천장과 벽면에 부딪치는 울림소리가 객석 후면에 먼저 전달되면서 중앙에 앉아 있는 관객들은 처음 울리는 소리를 느낄 수 없는 구조였다.

시간이 지나면서 관객들은 다양한 음향 매체를 통해 청각적 수준이 높아지면서 리얼리티가 살아 있는 공연을 선호하게 되었고, 자연스럽게 클래식 공연이나 마이크를 사용하지 않는 무대가 인기를 끌기도 했다. 이런 관객들의 요구에 따라 듣는 공연을 수용하는 공연장 기능에 충실하게 되었다.

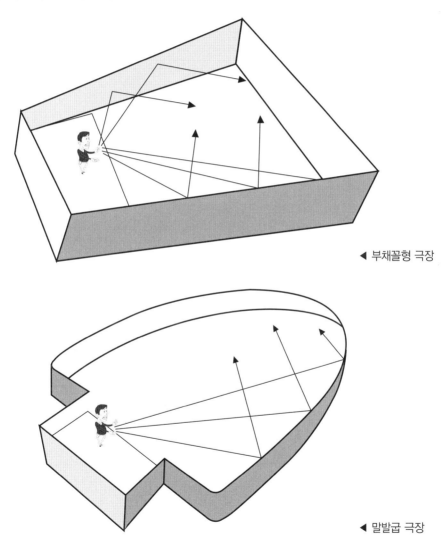

◀ 부채꼴형 극장

◀ 말발굽 극장

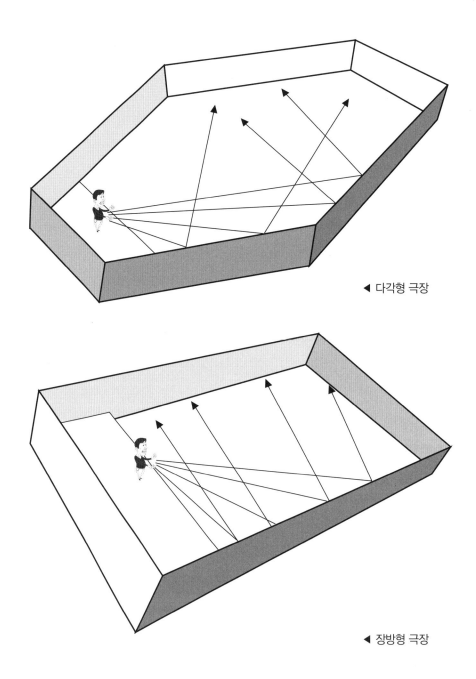

▲ 다각형 극장

▲ 장방형 극장

현대에 새롭게 지어지는 부정형 공연장들은 이와 같은 점을 보완하여 다각도에서 소리를 느낄 수 있는 구조로 설계되어 있다. 소리가 반사판을 통해 여러 각도로 확산되면서 울리는 전달감에 관객들은 좋은 입체감을 느낄 수 있게 되었다. 공연장은 음향 및 시각적 공연 전문 홀로써 거듭났으며 최적의 음향적 효과가 연출될 수 있도록 계획되었다. 직접음과 간접음의 차이, 잔향 시간, 공연장의 최적의 효율을 위하여 오페라공연 뿐만 아니라 각종 공연에 대응 가능한 시스템 및 마감재로 구성되었다. 특히 공연 특색에 맞는 음의 흡음율과 반사율로 조정하기 위해 천장 돔에 설치한 롤스크린 및 각층 벽체의 흡음 커튼은 공연 의도에 따라 잔향 시간 조정이 가능하도록 설계되었다.

▲ 무대에 반사체를 이용한 여러 가지 현대 극장들의 모습

19세기 이후 등장한 현대 극장은 평면 기본형 구조를 골자로 계단식으로 객석이 올라 있는 것과 무대의 위치가 높으면서 객석이 평면으로 되어있는 장방형 극장의 형태를 띠고 있다.

평면 기본형 극장은 공연이라는 단일 목적으로 설계된 경우가 일반적이다. 연기자는 객석의 바닥면이 경사면일 때와 평면일 때의 반사음이 다를 수 있음을 인지하고 있어야 한다. 또한 관객이 없는 빈 객석과 꽉 찬 객석의 반사음이 다를 수 있다는 것도 감안하여 호흡과 소리를 다듬어야 한다. 연기자의 목소리를 통해 나가는 직접음과 무대 벽면에 반사된 일차 반사음의 시간적 오차가 생기면 에코가 생기게 되는데, 에코가 심한 극장에서는 목소리를 너무 크게 지르는 것보다 볼륨을 적절하게 조절하는 것도 방법이 된다.

반사음이 전체 객석에 도달하기 위해서는 천장면과 양측 벽면을 이용한다. 객석의 폭이 넓을 때는 유일한 반사체가 천장 면밖에 없으므로, 이때는 벽면의 반사음을 기대하기 어렵기 때문에 벽면에 확산체를 설치하여 관객들에게 소리를 고르게 전달한다.

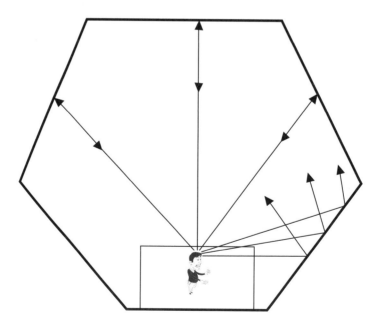

▲ 교회 평면도

또한 객석의 폭이 넓을 경우에는 무대로부터 객석까지 음원이 쉽게 전달될 수 있도록 최대한 무대 가까이에 있는 반사체를 이용하는 것도 방법이다. 이렇듯 연기자는 자신의 목소리가 홀의 천장과 벽면을 타고 고스란히 전달될 수 있도록 세밀하게 준비해야 한다.

성가를 위해 노래를 부르거나 성극을 할 때 만나게 되는 무대 중 교회도 있다. 대부분 교회 무대는 마름모 형태의 극장 구조로 되어있어 대사를 하거나 노래를 부를 때 소리가 메아리쳐 소리가 제대로 전달되기 어렵다. 관객의 위치는 연기자에게 집중할 수 있는 최적의 조건이지만 연기자 입장에서 소리를 들어보면 측면의 울림소리가 자신에게는 너무 작은 소리로 반사되어 온다. 게다가 객석 중앙 뒤편에 울려 퍼지는 소리가 원음과는 다르게 돌아오는 경우도 많기에, 이런 때에는 평소보다 음량을 조금 작게 내는 방법으로 적절한 소리의 음량을 찾아가는 방법을 권한다.

무대에서 연기자의 목소리 울림은 무대뿐만 아니라 객석 끝까지 동일한 소리로 전달되어야 한다. 공연장 울림을 통한 반사음의 간격과 음량의 차이는 소리의 품질을 결정짓는 데 매우 중요한 요소이기도 하다. 좋은 공연장일수록 눈을 감고 들으면 어느 위치에서 연주되고 노래를 부르는지 소리를 통해 감지할 수 있다. 때문에 연기자는 자신이 설 무대에서 객석의 위치에 따라 울림의 소리가 어떻게 다르게 들리는지 항상 체크하고 더 좋은 공연을 위해 무대 구석구석을 옮겨 다니면서 소리의 울림을 체크해야 한다. 연기자가 이를 잘 파악하고 필수적으로 사용해야 하는 위치에서 소리가 가장 아름다울 수 있도록 울림에 따라 목소리를 조절하고 반응할 수 있을 정도로 무대 전체를 잘 사용할 수 있다면 관객들은 무대의 입체감과 원근감을 고스란히 느끼면서 좋은 공연을 감상할 수 있게 된다.

따라서 연기자는 자신을 둘러싸고 있는 무대 장치 및 공연장의 천장 구조, 벽 구조 등의 상황을 인식하여 가능한 빨리 적응하는 것이 좋다.

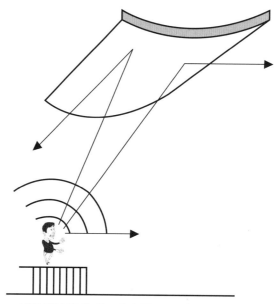

– 정상적인 반사판(소리의 확산 전달)

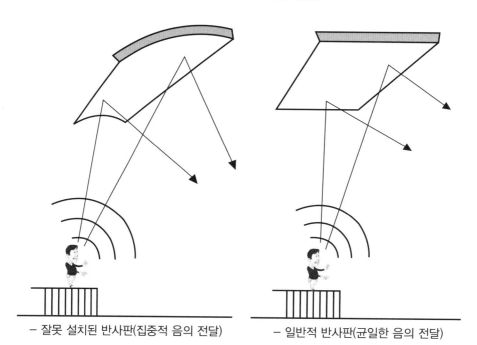

– 잘못 설치된 반사판(집중적 음의 전달)　　　　– 일반적 반사판(균일한 음의 전달)

▲ 배우의 목소리가 무대 반사판 모양에 따라 달라지는 형태

다만 현재 뮤지컬계의 근본적인 문제는 전용 극장의 부재이다. 수많은 공연장은 전문적인 뮤지컬 공연만을 위해 설계된 것이 아닌 다양한 공연을 진행할 수 있도록 지어지면서, 보완책으로 무대에 조악하게 세워진 시설물들이 좋은 공연을 만드는 데 걸림돌이 되기도 한다. 전문적인 공연장이 아니다보니 연기자 입장에서는 제대로 된 모니터링을 기대하기 어렵고, 보완책으로 여러 가지 시설물을 이용하거나 울림이 전혀 없는 곳에서는 모니터 스피커를 사용하여 공연을 준비하기도 한다. 어떻게든 공연장 내부가 준비되었더라도 외부에서 들어오는 소음이 공연을 방해하기도 한다.

필자가 출연했던 공연장 중 일반 건물을 개조해서 만든 소극장이 있었는데, 측간 소음은 물론 창문 틈이나 문틈으로 들어오는 소음도 문제가 됐었던 적이 있다. 국내에선 대학로에 이러한 소극장들이 밀집되어 있는데, 이처럼 열악한 무대일지라도 배우들이 감수하고 극복해 왔기 때문에 대학로는 여전히 공연의 메카라 불리며 수많은 공연이 열리고 있다. 공연장의 잡음은 배우의 연기 몰입에 방해가 될 수 있음을 잊지 말고 소음의 경로를 찾아 세밀하게 분석하여 효과적인 방법으로 대처해 나가야 한다.

필자 역시 이런 내용들을 다 알고 있음에도 불구하고 무대에 서게 되면 아무것도 준비하지 않은 배우처럼 실수를 하게 되는데, 아무리 잘 훈련된 배우일지라도 꾸준히 노력하지 않는다면 훌륭한 배우가 될 수 없다는 것을 깨닫곤 한다. 배우는 실수하며 배우는 것이다. 경험과 훈련을 통해 좋은 무대 발성을 가지게 되며, 여러 형태의 무대에서 자신있게 자신의 목소리를 수많은 관객들에게 전해 줄 수 있다. 항상 노력하고 연구하는 배우만이 무대 위의 화려한 주인공이 될 수 있다.

# 7. 무대 리허설

연기를 하다보면 연습과 실제 공연에는 현저한 차이가 있음을 알게 된다. 실전에 강하다는 말처럼, 공연을 더 잘할 수도 있겠지만 대부분은 연습했던 환경과의 차이, 실제 관객들 앞에서 연기한다는 것에 대한 부담감 등으로 인해 긴장하여 연기에 부정적인 영향을 끼치곤 한다. 따라서 무대를 미리 경험해 볼 수 있는 리허설은 공연에 있어 매우 중요하게 작용한다. 연출가들은 되도록 공연 상황과 같은 환경을 만들고자 노력하며 좋은 공연을 위해 리허설 기간을 오랫동안 갖기도 하고, 관객들을 초청해 반응을 살피면서 최종 점검을 하기도 한다. 이렇듯 중요한 리허설에서 배우가 반드시 체크해야 할 것들에 대해 몇 가지 이야기해볼까 한다.

## (1) 무대 적응하기

연기자가 현장 무대에서 가장 먼저 체크해야 할 것은 무대 크기와 객석의 상태이다. 연습실은 대부분 무대보다 협소하기에, 연습실에서 내던 목소리와 행동은 실제 무대와 차이가 있기 마련이다. 작은 연습실에 어느 정도 익숙해졌을 무렵이기 때문에, 큰 무대에서 소리를 낼 때에는 호흡의 양과 음량이 무대와 객석을 채워야 한다는 부담감이 생긴다. 이때 환경의 변화에 긴장하지 않도록 주의해야 한다.

실제 무대에 적응하기 위한 여러 가지 방법 중 하나는 무대에서 간단한 허밍을 하면서 이동하는 방법이다. 이것은 울림이 잘 전달되는 장소를 찾는 것으로, 처음부터 부담스럽게 소리를 내지 않아도 된다. 소리가 잘 전달되는 위치를 파악하고 어느 정도 무대에 적응한 다음 울림의 포인트에 집중하면서 작은 소리의 대사부터 시작하여 점점 넓은 장소로 이동하면서 큰 소리도 내본다. 이때 소리의 포인트를 잃지 않도록 집중한다.

또 다른 방법은 발걸음을 옮기면서 대사를 하는 것이다. 이때 발걸음은 무대 바닥에

밀착되어야 하며, 안정적인 소리를 위해 호흡의 지지를 받고 움직여야 한다. 호흡의 안정을 통해 복근의 강한 에너지의 소리로 모음과 자음의 조화가 잘 이뤄지게 한다. 발음에 있어 모음은 공명을 만들지만 객석의 뒤쪽까지 갈 수 있는 힘은 자음 발음에서 나오기 때문이다.

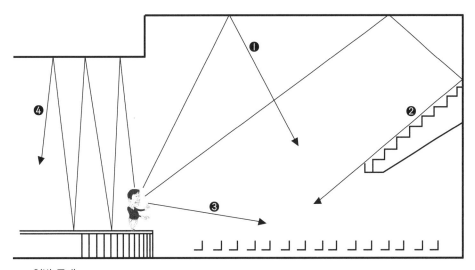

▲ 일반 무대

❶ 극장 길이와 내부 천장의 높이 체크 　　❸ 음원과 인접한 반사음 체크

❷ 후벽의 흡음 성능 체크 　　❹ 무대 뒤쪽 에코 체크

**무대 적용 방법 요약**

① 무대에서 간단한 허밍을 통해 울림이 잘 전달되는 위치 찾기
② 울림 포인트에 집중하면서 대사하기(작은 공간에서 큰 공간으로 이동하면서 소리 크기 조절)
③ 걸어 다니면서 대사하기(안정적인 호흡과 발음에 주의)

## (2) 동선 확인하기

무대의 동선은 배우의 감정 선이다. 연기자가 연습과정에서 가장 편한 워킹 선이나 동작들을 찾아 스스로를 만들어 가는 것이 맞지만, 과거에는 공연을 준비하는 과정에서 배우의 행동 선을 연출자가 직접 그려주었다. 이는 배우의 감정 선을 무시한 채 연출의 의도에 따라 움직이는 것이다. 수많은 대본 에튜드를 준비한 연기자에게 연출자는 배우의 등장과 퇴장의 커다란 행동반경만 알려주고 작품의 목표를 끌고 가는 연출이 되어야 한다.

무대에 선 배우는 실제로 움직여보면서 이동 경로와 객석에서 보이는 동선을 확인해야 한다. 지금까지 연습한 본인의 걸음 수와 대사와 음길이 등을 세심하게 체크하여 어색한 부분은 없는지, 공간이 남는 부분은 없는지를 전체적으로 점검해봐야 한다.

이때 주의할 점은 무대에서 등장하거나 퇴장할 때는 무대 안쪽 발부터 움직이며, 움직일 때는 움직이는 방향에서 가까운 발부터 움직여야 한다.


## (3) 무대 자세

배우는 관객들에게 보이는 정도에 따라 연기에 차이를 갖게 된다. 이를 인지하고 객석 위치를 확인하며 자신이 보일 모습을 가늠해 보는 것도 리허설 시 체크사항이다.

이를 테면 1/4정도 돌아선 위치는 강해보이지만 정면보다는 약하게 보인다. 옆모습 또는 반쯤 돌아선 위치는 약간 강해 보인다. 3/4정도 돌아선 위치는 가장 약한 위치라고 말한다. 완전히 돌아선 위치는 옆모습 정도의 강도이나 1/4정도 돌아선 위치만큼 강하지는 않다. 가능한 관객을 향하여 몸을 돌리며 특별한 경우를 제외하고는 관객에게 등을 보이지 않는다. 옆으로 서 있을 때에도 언제나 45도 각도로 비스듬히 서는 것이 좋다. 무릎을 꿇을 때는 관객쪽의 발로 무릎을 꿇는다.

## (4) 감정 유지

배우는 무대에 한번 등장하면 공연이 끝날 때까지 몇 시간이고 감정을 지속시켜야 하기 때문에 깊고 밀도 있는 감정의 선을 처음부터 끝까지 유지할 수 있어야 한다. 하지만 같은 장면이나 배역을 연기하더라도 상황이 항상 같을 수는 없기 때문에 관록 있는 연기자라 할지라도 감정을 지속시키는 것은 어려울 때가 있다. 우리가 매번 다른 삶을 살듯, 연기도 서로의 주고받음이 매일 달라진다. 따라서 연기에 집중하고 감정을 유지시키지 않으면 순간적으로 감정은 쳐지거나 깨질 수 있게 되고, 관객은 이를 눈치 채게 된다.

무대에 처음 선 사람들이 자주하는 실수 중 한 가지는 관객들을 의식한 나머지 잘하고 싶은 욕심으로 과한 행동을 하는 것이다. 남들에게 보이기 싫다면 무대에 오를 이유가 없기 때문에 배우라면 누구나 무대 위에서 조금이라도 더 잘하고 싶을 것이다. 그런데 관객을 의식하고 좋은 연기를 보이고 싶다는 생각을 하면 할수록 연기의 집중력은 떨어진다. 또 그런 마음은 감정을 격하게(over) 표현하게 만들고 큰 소리를 지르거나 눈물을 흘릴 때 부담스럽게 강조하는 함정에 빠뜨린다. 또한 혼신을 다한다고 에너지를 방출하면서 호흡을 밀어 내지만 정작 관객은 배우가 무슨 말을 하는지 알아듣기 힘들 때가 있다.

무대에서는 관객을 제4의 벽이라고 부른다. 무대의 좌측, 우측, 뒤쪽이 1~3벽이고 관객과의 사이에는 오픈되어 있지만 연기자는 벽이 있는 것처럼 인식하는 것이다. 관객을 사람으로 여기는 순간, 의식하게 되고 잘 보이려는 욕심이 생기게 되면서 집중하기 어려워지기 때문에 관객을 사물로 여기고 자신의 연기에 집중해야 한다. 연기자는 이런 욕심을 버리고 연기에 집중하여 매번 달라지는 상황에 적극적으로 대처할 수 있어야 하는데, 이것은 대사와 상대방에게 집중하는 것을 말한다. 호흡에 집중하면서 상대방의 대사를 듣고 상대방의 호흡에 반응하여 연기를 하면 극에 집중하게 되고 연기 감정을 스스로 조절할 수 있게 된다. 이것을 연기 감정 유지라고 부르며, 감정은 신체 사이즈,

몸무게, 목소리의 크기에 따라 달라지지 않는다.

관객도 무대에 집중하고 싶다는 것을 배우는 알아야 한다. 배우가 무대 위에서 호흡, 상대방의 대사, 배역에 온전히 집중하여 감정의 흐트러짐 없이 한결 같은 연기를 하는 것만이 배우와 관객이 극에 집중할 수 있는 유일한 방법이다.

## (5) 상황 대처 능력

앞서 말했지만 같은 무대에서 같은 상대배우와 연기를 한다고 해서 동일한 연기가 이뤄지지는 않는다. 또한 사람이 하는 것이기 때문에 무대 위의 돌발 상황은 언제나 발생할 수 있다. 뛰어난 상황 대처 능력은 다양한 경험을 통해 얻게 되는데, 필자는 배우라면 무대에서 연기만 하는 것이 아니라 때로는 스태프(staff)처럼 상황을 정확하게 인지하고 대처하는 능력을 키워야 한다고 본다. 상대 배역의 실수는 연기 집중으로 대처할 수 있지만 무대 위의 세트에서 오는 돌발 상항은 미리 알고 있지 않으면 당황할 수밖에 없는 것이다. 이를테면 원인 모를 이유로 왼쪽 조명 중 한 개가 갑자기 나오지 않는다면 배우는 이를 인식하고 연기를 왼쪽이 아닌 오른쪽으로 자연스럽게 옮길 수도 있어야 한다. 이렇게 배우는 공연장 구조, 무대 장치 및 도구, 세트의 위치, 울림판의 배치, 조명기의 위치, 객석의 자리 및 배치 등도 체크하는 열정이 있어야 한다. 다양한 방법으로 무대를 체크하여 인지하고 있다면 어떠한 돌발 상황에서도 의연하게 대처할 수 있게 되며, 무대 위의 연기는 멈추지 않을 것이다.

# 5장

# 노래와 음성은 같은 소리여야 한다

1. 뮤지컬 배우의 기본 소양과 자세

2. 뮤지컬 시작, 오디션 준비

3. 노래와 음성은 같은 소리여야 한다

# 5장. 노래와 음성은 같은 소리여야 한다

## 1. 뮤지컬 배우의 기본 소양과 자세

뮤지컬의 주요 캐스팅은 주연과 조연 그리고 앙상블로 구성된다. 주연과 조연은 드라마 전체를 이끌어가기 때문에 노래 역량이 중요하게 대두된다. 연기와 무용이 조금 부족하더라도 노래 실력을 가장 우선한다. 앙상블의 경우 무용을 출 수 있는 무용 역량이 중요하며, 노래와 연기도 함께 갖춘 멀티 연기자를 필요로 한다. 많은 이들이 뮤지컬의 꽃은 앙상블이며 오히려 주연이라고 말하기도 한다. 따라서 뮤지컬 배우가 갖춰야 할 다양한 기본 소양 중 노래, 무용, 연기 이 세 가지를 대표적으로 꼽을 수 있다.

## (1) 드라마를 이끌어나가는 힘, 노래

먼저 뮤지컬에 있어 노래는 드라마 전체를 이끌어가는 것으로, 연극에서의 대사와 같다. 연극에서 좋은 대사를 위해 음성 훈련이 필요하듯, 뮤지컬 노래에서 가장 필요한 것은 뮤지컬 발성이다. 앞에서 살펴보았지만, 뮤지컬 발성은 성악 발성을 바탕으로 하되 발음적으로 부족한 점을 보완한 발성이다. 경구개를 중심으로 모든 모음의 울림소리가 만들어져야 하며, 음색도 모음을 내는 경구개를 통해 자연스럽게 만들어져야 한다.

이유는 뮤지컬의 노래는 기본적으로는 아름다운 소리로 불러야 하지만, 때로는 극적 상황에 맞게 거칠고 날카로운 소리를 내야 할 때도 있기 때문이다. 배우는 상황에 맞는 소리의 창법을 사용할 줄 알아야 한다. 이런 점이 항상 아름답게 불러야 하는 전통 성악 과는 다른 점이다.

그러므로 뮤지컬 노래를 가르치는 선생을 고를 때 신중하게 선택해야 한다. 노래는 절대로 혼자 하는 훈련이 아니다. 반드시 자기의 소리를 들어주고 올바른 방법으로 지 도해줄 선생이 필요한 분야이다. 이 말은 가창 선생을 선택하는 데 있어서 꼭 유명한 뮤 지컬 배우나 가수를 선생으로 모시라는 말이 아니다. 사실 그들은 뮤지컬 발성이나 감 정이입 방법 등을 연구할 시간이나 열정을 가질 수 있는 시간이 상대적으로 적은 편이 기도 하다. 그들은 항상 새로운 레퍼토리를 준비해서 공연을 해야 하고 공인으로서 책 임도 따르기 때문에 그들이 가르치는 것은 결코 쉬운 일이 아니다. 자기가 무대에서 사 용하는 발성의 원리나 경험을 알려주는 정도일 뿐, 정작 맞춤 수업을 원하는 학생들에 게는 아쉬움이 생길 수 있다.

그렇다고 뮤지컬의 전문지식이 없거나 뮤지컬 무대 경험이 없는 선생에게 뮤지컬 노 래의 모든 것을 의존하는 것도 문제가 있다. 또한 발성 수업을 한 번도 받아 본적 없는 사람이 선천적으로 발성에 필요한 소리나 음역을 가지고 태어나 유명한 가수가 되는 일 도 있고, 수년 동안 발성 공부를 했음에도 기량이 향상되지 못하는 경우도 있다.

사실 뮤지컬 발성에는 정석이 없다. 가장 아름답고 편하면서 정확하게 노래하는 것이 가장 좋은 가창이다. 올바른 수업으로 가르치는 선생을 만나 적어도 6개월 동안 훈련했 음에도 변화가 없을 때에는 좋은 선생을 다시 찾아보는 것이 바람직하다. 즉 유명하다 고 잘 가르친다고 할 수는 없는 것이다. 잘 알려지지 않은 선생이라도 자신에게 맞는 선생이 될 수 있다는 점을 명심해야 한다.

좋은 선생을 만나 가르침을 받는다면, 섣부르게 자기 가치관대로 판단하여 분별력을 잃고 의심을 가져서는 안 되며 전적인 신뢰와 믿음으로 따라야 한다. 무엇보다 가장 중요한 것은 스스로가 어느 부류에 속하는지를 잘 파악하고 그에 맞는 뮤지컬 배우로서 갖춰야 할 소양들을 준비하는 것이다

## (2) 창의성과 표현의 다양성, 무용

뮤지컬 배우로서 노래 다음으로 필요한 것은 무용과 연기이다. 둘 중 어느 것이 더 중요하다고 할 순 없지만, 필자는 무용을 우선순위로 생각하는 편이다.

뮤지컬에서 사용되는 무용은 배우의 내면 감정과 배우들 간의 갈등을 직접 몸으로 표현하며 스펙터클을 만들어내는 중요한 구성 요소이다. 뮤지컬 공연에서 사용되는 무용은 다양한 편이며 고전무용, 현대무용, 발레를 응용한 춤은 힙합댄스까지 접목하면서 뮤지컬 안무만의 독창적 영역이 존재한다. 하지만 그 시작은 발성과 마찬가지로 고전발레에서 시작되었다. 뮤지컬이 발전하면서 함께 변화를 거듭하여 다양한 형태로 발전하게 되었지만 발레를 첫 시작으로 보는 이들이 많다. 뮤지컬에 사용되는 발레는 크게 고전발레와 현대무용, 재즈발레로 세분화되어 발전해 왔다. 하지만 현대의 뮤지컬을 가르치는 선생 대부분은 현대무용을 권장하는 편이다. 필자도 같은 생각인데, 그 이유는 현대무용이 뮤지컬 배우나 연극배우들이 필요한 몸을 만들기에 더 적합하다고 생각하기 때문이다. 현대무용은 정형화된 고전발레보다는 틀에 얽매이지 않고 자유로운 창작력을 키워주는 무용이다. 무대에서 뮤지컬 배우가 하는 모든 행동들은 관객이 볼 때 항상 편하고 자연스러워야 한다. 딱딱하거나 부자연스러우면 연기가 어색해지는데, 현대무용의 동작들이 이런 행동들을 매끄럽게 만들어 주는 역할을 한다. 또한 노래나 연기를

할 때 리듬을 타는 것은 연기에 있어 빼 놓을 수 없는 부분인데, 무용은 이러한 리듬감을 향상시킨다. 결정적으로 현대무용에서 사용하는 복식호흡은 배우가 노래를 부를 때나 대사를 할 때 사용하는 호흡과 거의 일치한다.

이런 이유들로 뮤지컬에서 독무나 군무 장면을 만들기에 가장 적합한 기법을 가지고 있다고 평가받는 것이 현대무용이다.

뮤지컬 무용도 뮤지컬의 구성 요소와 맥락을 같이 하게 되는데 오프닝 넘버, 독무, 듀엣, 앙상블, 프로덕션 넘버, 군무 등으로 세분화 되어 있다. 뮤지컬에 있어 무용은 뮤지컬의 한계를 넘어서 보완해줄 뿐 아니라 극적 기능을 살려 언어의 한계를 극복하고 언어의 영역을 몸 밖으로 확장하는 일을 맡는다. 그리고 독창적인 창의력과 표현의 다양성을 통해 관객과 보다 밀접한 공감대 형성에 큰 기여를 한다. 따라서 뮤지컬 배우는 몸으로 소통하는 연기인 무용에 대해 어느 정도 준비가 되어 있어야 한다.

## (3) 연기는 자연스러운 점이 가장 중요하다

마지막으로 뮤지컬 배우는 연기력을 익혀야 한다. 사실 연기는 천재만이 할 수 있는 전유물로 여겨지던 시대가 있었지만 시간이 지나면서 어느 정도의 재능과 연기 열정, 진지함만 있으면 누구든 할 수 있는 일임이 밝혀졌다. 따라서 많은 이들이 연기하는 것을 꿈꾸지만, 연기 훈련은 그렇게 녹록하지가 않다. 자신이 살아가면서 미처 깨닫지 못했던 감각들을 일깨우고, 스스로에 대한 깨달음을 통해 몸에 밴 자연스럽지 못한 습관들을 하나씩 제거해 나가면서 스스로를 완전히 자연스럽게 만들어야 한다. 여기에 살아 있는 호흡을 더하는 것이다. 이렇게 준비된 배우가 무대에서 생명력을 발산할 수 있는 방법은 음성 훈련과 화술법이다. 음성 언어 능력을 향상시키는 훈련은 한 두 시간의 연습만으로 되는 것이 아니다. 언어는 생활 속에서 숙련되어야 하는 것이기 때문이다. 배우에게 있어 좋은 연기란 편한 연기이며, '편하다'는 말은 긴장되지 않은 상태를 의미한다. 끊임없는 음성 훈련과 화술 훈련을 통해, 배우는 맡은 역할의 대사들을 자신의 말처럼 할 수 있도록 연습해야 한다.

연기는 '관념이 아닌 실천'이란 말이 있다. 배우는 끊임없이 움직이고, 자각하고, 잘못된 습관을 제거하고, 올바른 표현 방법을 습득해야 한다.


## (4) 신체이완 훈련

무대에서 노래를 부르거나 연기를 함에 있어서 가장 주의해야 할 천적은 바로 긴장이다. 긴장은 신체기관을 사용하는 능력에까지 악영향을 미치기도 한다. 따라서 배우는 긴장을 효과적으로 조절할 수 있는 방법을 터득해야 하는데, 이런 긴장의 조절능력은 선천적으로 타고나는 점이 강해 습득하기도 쉽지는 않다. 흔히 '배우는 타고나야 해'라고 말하는 부분도 긴장을 조절하는 능력을 말한다.

일상에서 긴장하여 말실수를 하는 경우를 생각해보면 말을 잘해야 한다는 부담감에서 출발한다. 인터뷰를 할 때나 연설을 해야 할 때 특히 더 많이 발생하지만, 일상에서 편한 사람들과 대화를 할 때에는 거의 긴장을 하지 않는다. 그래서 조절력이 충분히 발휘되고 목소리가 편안한 상태를 유지하게 되면 듣기에도 좋고, 정서와 뉘앙스가 분명하게 살아있게 된다. 연기를 하는 것은 이렇게 일상에서처럼 듣기에도 좋고 분명하게 살아있는 소리를 전달하는 것이다. 특히 배우는 자신의 말이 아닌 '남의 말', 즉 작가가 정해준 대사를 말하기 때문에 부담감이 높다. 때문에 긴장을 풀어줄 수 있는 신체이완 훈련은 긴장으로부터 오는 부작용을 막아준다. 신체이완 훈련은 긴장을 극복할 수 있는 조절력을 갖는 훈련이자 연기에 집중하는 훈련으로, 극중 상황에 몰입해서 긴장에서 벗어나게 해준다.

우리가 일상에서 말할 때를 생각해보면 상대방의 말하는 것에 완벽하게 집중을 한 상태이다. 다른 생각을 하면서 대화를 하면 정상적인 대화가 이뤄질 수 없듯이 연기를 할 때도 말하려는 내용에 집중해야 한다. 자신이 하는 말에 몰두하고 상대방이 하는 말을 경청해야 집중된 대화를 할 수 있게 된다. 따라서 연기를 할 때도 상대방을 주시하면서 집중해서 말을 하고, 열심히 경청하며, 적극적인 반응을 통해 긴장이 끼어들 여지를 없애야 한다. 연기의 앙상블은 배우들의 듣고 반응하는 능력에 의해 이뤄진다. 상대의 대사를 경청함으로써 상대방 대사의 리듬과 연속성이 유지될 수 있도록 반응할 수 있게 되고, 그럼으로써 앙상블이 만들어진다. 또한 시선의 처리도 도움이 된다. 자기 생각에 몰두하면서 말을 하거나 상대방의 말을 경청하면 눈에 생기가 돈다. 의식이 내면에 살아 있으면 자연히 시선이 살아있기 마련이다. 앞서 노래 부를 때의 시선처리도 중요하다고 했지만, 연기에서의 시선처리도 매우 중요하다. 시선은 상대방의 표정이나 안색, 태도를 살피고 상대방과의 관계, 감정 등을 포착하여 대응하게 하는 조절력의 핵심이기도 하다. 사실 우리가 의식하지 못하고 있지만 말하는 것보다 시선이 먼저 반응한다. 시선은 집중력을 높여주므로 배우의 시선처리는 연기에서 중요한 부분을 차지한다.

필자가 공연에 임하기 전에 긴장을 푸는 방법을 소개해 본다.

젊은 시절에 배웠던 현대무용으로 단련된 몸을 유지하고자 음악을 들으며 스트레칭하는 것으로 하루를 시작한다. 적어도 공연 전 일주일 동안은 충분한 수면을 취하는데, 성대에 가장 좋은 약은 규칙적으로 편안한 상태에서 충분히 잠을 자는 것보다 좋은 것이 없기 때문이다. 시끄러운 장소를 피하고 독서를 하면서 영화 관람도 한다. 영화를 보는 것이 좋은 이유는 영화를 보는 동안은 아무도 말을 하지 않는다는 것이다. 연주 전날은 평소에 밀려 있는 다리미질이나 떨어진 단추를 다는 등의 소소한 집안 정리를 하면서 긴장을 푼다. 그리고 악보를 정리해보고 공연복 정리도 한다. 지나치게 격한 운동은 피하고 시간마다 스트레칭으로 몸을 풀어주면서 호흡을 안정시킨다. 공연 당일 날의 식사는 공연 2~3시간 전에 하고 리허설 전에는 반드시 발성 연습을 한다.

이때 온 몸이 열려 있다고 생각한다. 손가락의 끝 부분과 발가락 끝까지 모두 열려 있어 자유로움을 느끼며 온 몸이 울림소리가 난다고 믿고 천천히 소리를 내본다.

소리는 보여주는 것이 아니라 표현하는 것으로, 자기감정에 충실하며 오로지 아름다운 음악만을 생각하고 노래를 불러본다. 공연할 때는 연습하던 대로 성대의 감각을 느끼며 호흡의 에너지를 이용하여 편안하게 노래한다. 편안하게 노래를 부른다는 말을 여러 번 했는데, 이 편안한 마음을 방해하는 경쟁심, 우월감, 지나친 욕심은 몸을 경직시키고 예술적 가치를 떨어뜨리는 결과를 초래하니 피해야 할 감정이다.

## (5) 목소리 관리

뮤지컬에 있어 노래 및 연기는 소리로 하는 것이다. 지금까지 목소리가 얼마나 중요한지에 대해 설명하였는데, 그만큼 평소에 목소리 관리를 철저히 해야 한다. 이번에는 평상시 목소리를 최상의 상태로 유지할 수 있는 관리 방법에 대해 이야기 해보도록 하자.

소리를 가장 많이 사용하게 되는 경우는 노래이다. 노래 연습은 매일 하게 되는데, 반드시 잠에서 깨어난 지 4시간 정도 지난 후에 하는 것이 좋다. 우리 몸은 자는 동안에도 계속해서 호흡을 한다. 그런데 공기 중에 먼지가 많거나 입으로 숨을 쉬는 경우에는 몸이 목을 보호하고자 목이 부으면서 잠기게 된다. 특히 수면 중에는 발성에 관계된 근육이 이완되면서 일어난 후에도 한참동안 기능을 발휘하지 못한다. 이완된 발성 근육이 긴장을 찾기까지는 일정 시간이 소요되기 때문이다. 따라서 잠에서 깬지 4시간 정도 지나 잠에서 몸이 완전하게 깬 상태일 때 노래를 불러야 한다. 목이 잠겨 있는데 억지로 노래를 부르게 되면 목이 상할 수도 있다. 그리고 노래 연습을 시작할 때에는 허밍으로 목을 풀어준 뒤 작은 소리에서 고음까지 순차적으로 연습을 해야 한다.

평상시 흥분된 상태의 대화는 목소리에 좋지 않다. 주변이 소란스러운 사교적인 자리나 파티는 되도록 피하는 것이 좋다. 특히 기관지나 폐에 악영향을 끼칠 수 있는 담배나 술은 삼가야 하는 기호품이다. 담배는 노래 부르는 사람이라면 무조건 삼가야 하는데, 후두기관의 성대 점막 부분을 망가뜨리는 주원인 중 하나이고, 연기로 인해 폐의 연약한 부분들을 황폐하게 만든다. 알코올 도수가 낮은 술은 한잔 정도가 적당하고, 위스키나 소주 등의 독한 술은 해로울 수 있으니 되도록 피해야 한다.

여름에는 에어컨이나 선풍기 바람을 쐬게 되는데, 바람이 목을 건조하게 만들 수 있으니 몸으로 직접 바람을 맞는 것은 되도록 삼가도록 한다.

음식은 목을 상하게 할 수 있는 맵고 짠 자극적인 음식과 목을 건조하게 만드는 유제품을 삼가고 몸에 좋은 음식만 먹어야 한다. 성악가들이 몸에 좋은 음식을 많이 먹는데 비해 운동은 하지 않아 살이 찌는 경우가 많은데, 이것은 오히려 노래 부르는데 방해가 될 수 있다. 세계적인 성악가 루치아노 파바로티(luciano pavarotti)는 예외적인 상황으로 노래를 잘 부르기 위해서는 호흡기관이 클수록 좋은데, 살이 찐다고 커지는 것은 절대 아니고 오히려 작아지는 경우가 있어 방해가 될 수도 있다.

어쩔 수 없는 상황으로 목이 상하게 되었을 때에는 다음과 같은 방법으로 해결하기 바란다.

목이 많이 쉬어 빠른 회복을 원할 때 마이신이나 소염제 같은 약을 먹게 되는데, 정작 목에는 좋은 영향을 미치지 못한다. 양약보다는 생약 성분이 더 좋은 작용을 하는데, 가장 좋은 목 관리 방법은 레몬즙으로 가글을 하는 것이다. 요즘에는 레몬즙만 파는 경우도 있는데, 방부제 같은 화학성분이 포함되었을 수도 있어 필자는 레몬을 직접 갈아 즙으로 만들어 사용한다. 레몬즙 속에는 상처를 치유할 수 있는 성분이 있어 소독을 해주고, 비타민 등 활력을 돕는 성분들이 많이 들어 있어 목에 굉장히 좋다. 일부는 호올스나 목캔디를 먹는 경우도 있는데, 절대 먹으면 안 된다. 이런 것은 오히려 목을 마비시키며 노래 연습이 끝난 후에는 완전히 망가뜨리는 작용을 할 수도 있다. 목이 쉬었을 때에는 레몬즙으로 가글을 한 뒤 충분하게 자는 것이 가장 좋다.

잠을 자게 되면 뻣뻣하게 부어오른 발성 근육들을 이완시켜주기 때문에 편안한 잠이 가장 좋은 방법이다. 물을 많이 마시는 방법도 좋은데, 찬물은 목을 건조하게 만들기 때문에 따뜻한 물이 좋다. 목을 쉬게 해주는 방법도 좋은데, 전혀 상관이 없는 클래식 음악을 듣거나 영화 관람을 하는 것도 좋다. 다만 자신과 흡사한 분야의 연주회는 피하도록 한다. 잘못된 가수를 만날 경우 그 가수의 발성을 배우게 될 수도 있어 안 좋은 습관을 따라할 수도 있다. 따라서 연주회를 보게 되면 이런 점을 조심해서 선택해야 한다.

## 2. 뮤지컬 시작, 오디션 준비

　뮤지컬 배우를 꿈꾸는 이들이 반드시 거쳐야 할 것이 있는데 바로 뮤지컬 오디션이다. 과거에는 원하는 극단에 직접 찾아가서 연습생 생활부터 시작하거나, 배우를 하는 지인의 추천으로 배우의 길을 시작할 수 있었다. 하지만 최근 10년 사이 우리나라 뮤지컬은 양과 질적으로 많은 변화와 발전을 겪었고, 그만큼 다양하고 뛰어난 뮤지컬 공연들이 열리면서 필요로 하는 뮤지컬 배우의 수요도 많아졌다. 반면 배우들은 전문 엔터테인먼트에 소속되어 개런티, 출연작 등을 전문적으로 관리 받게 되었고, 공연계는 필요한 배우들을 찾기 위해 오디션을 통해 선발하는 과정으로 변모되었다.

　뮤지컬 오디션을 보는데 특별한 자격조건은 없다. 실력과 포부, 열정만 있다면 누구나 지원할 수 있는 곳이 뮤지컬 오디션으로, 뮤지컬 오디션의 형식은 조금씩 다르다. 1차 서류 전형을 통해 먼저 확인하는 오디션이 있는가하면, 서류 전형 없이 바로 오디션을 보는 경우도 있다. 1차, 2차, 3차 실기 오디션을 진행하면서 5배수, 3배수 등의 형태로 인원을 추리고 최종적으로 선발인원을 뽑기에 어떻게 보면 요즘 유행하는 오디션 프로그램과 유사한 형태로 라운드가 나눠져 있다고 볼 수 있다. 또한 실기 오디션은 크게 노래, 무용, 연기로 구분하여 진행되며, 배역에 따라 배점이 다르다. 주·조연급 배역이라면 노래 위주로 보되 어느 정도 무용과 연기도 잘할 수 있는 배우를 선발하고, 앙상블을 선발할 때에는 노래나 연기보다는 무용 실력을 좀 더 많이 보게 된다. 연기는 모두 필요한 것이기 때문에 기본적인 연기훈련을 준비하도록 한다. 실기 구성은 작품마다 다르지만 보통 지정곡, 자유곡, 지정 안무, 자유 안무, 지정 연기, 자유 연기 등으로 보게 된다. 지정된 작품이나 안무를 보게 될 경우 가장 비중이 높은 평가는 악보대로 노래를 불렀는지, 안무 동작이 정확한지, 자신만의 연기를 했는지 등이다. 여기서 심사위원들이 가장 눈 여겨 보는 것은 탄탄한 기본기 위에 노래, 무용, 연기를 하고 있는가이다. 그렇다면 본격적으로 어떻게 오디션에 임해야 하는지에 대해 살펴보도록 하자.

## (1) 서류 전형, 디테일이 관건이다

서류 전형을 보는 뮤지컬 오디션의 경우 서류 전형을 통과해야만 지금껏 준비한 노래, 무용, 연기를 펼쳐 보일 수 있다. 어떻게 하면 서류 전형에서 내 자신의 노래, 무용, 연기를 간접적으로나마 심사위원들에게 제대로 전달할 수 있을까? 그것은 바로 준비한 서류의 디테일에 있다.

우선 정해진 지원서의 양식을 상세하게 따라야 한다. 오디션에 접수된 서류를 보면 안타까운 경우가 한 두 번이 아닌데 자신만의 양식으로 만들어 알아보기 어렵게 보내온 경우도 있고, 정해진 양식을 사용했지만 자신에 맞게 수정하는 경우도 있다. 또 수십 장의 프로필 사진으로만 채운 지원서도 있었다. 열정이 보이는 지원서이기는 하나, 이는 불합격 사유가 된다. 프로필 사진도 임의로 준비하지 말고 반드시 정해진 원서의 양식을 그대로 따라야 한다. 이것이 서류 전형을 통과하는 첫 번째 자세이다. 예외적으로 원서가 없는 경우에는 인터넷을 이용하여 일반적으로 사용되는 서식을 이용하면 된다. 하지만 대부분 정해진 지원서 양식이 있으니 이를 사용하도록 한다.

지원서를 쓸 때에는 건성으로 이력을 적는 경우도 많은데, 되도록 많이 기재하기를 권한다. 작은 배역일지라도 전부 다 적어야 한다. 되도록 기성 극단에서 활동했던 경험 위주로 작성하고 이력이 없는 초보 배우라면 학교나 다른 곳에서 활동했던 내용이라도 빼곡히 기재하도록 한다. 같은 점수의 배우가 둘이 있다면 심사위원은 경험 많은 배우를 선택한다(부록 2 오디션 공고 및 응시원서 예시 참조).

## (2) 노래, 배역과 자신을 고려하여 곡을 선정한다

노래가 주된 구성인 뮤지컬은 그만큼 노래가 차지하는 비중이 크다. 오디션에서 부를 노래는 크게 지정곡과 자유곡으로 구분되는데, 지정곡의 경우 보통 한 달 전쯤에 공시되므로 연습할 시간이 충분히 주어진다. 지금까지 다뤘던 뮤지컬 발성을 기본으로 호흡법, 발성법, 공명, 음역 처리 등이 훈련된 상태에서 노래를 불러야 호평을 받을 수 있다. 특히 뮤지컬 곡은 일반 곡들보다는 연기를 담고 있기 때문에 감정을 호소하며 불러야 한다. 맡은 배역의 심정으로 노래한다는 느낌이 심사위원들에게 전달되면 좋은 평가를 받을 수 있다.

자유곡은 본인이 선택하게 되는데, 신경 써서 곡을 선정해야 한다. 보통 멋있고 강렬한 곡을 선택하려 하는데, 이 선택이 본인에게 득이나 실이 될 수 있음을 알아야 한다. 권면하건데 오디션을 보려는 뮤지컬의 특징을 잘 살피고, 작품의 배역을 정확하게 파악한 뒤 그에 필요한 유형의 곡 중에서 자신이 잘 부를 수 있는 곡을 선택해야 한다. 물론 자신이 좋아하는 곡을 고르는 것이 옳은 방법 중 한 가지가 될 수 있으나, 심사위원들은 자신이 찾는 인물이 아니면 오래 들어주지 않는다. 대게 2분 내에 판가름이 나기 때문에, 그 안에 심사위원들이 찾는 배우로 눈에 띄어야 한다. 따라서 오디션을 보려는 뮤지컬의 특징을 고려하여 같은 유형의 곡들을 다른 뮤지컬에서 찾아 준비하거나, 아예 뮤지컬 곡 중 한 부분을 부르는 것도 좋은 방법이 된다. 노래를 부를 때에는 전곡을 부르지 못하니 하이라이트를 준비하되 뮤지컬 노래에 많이 나오는 반복구나 늘어지는 부분은 피하도록 한다. 되도록 자신의 소리 컬러와 성량, 다양한 스타일을 보여줄 수 있는 곡이 좋다.

노래 오디션을 볼 때 대부분 가사가 틀릴 것을 염려하여 악보를 가져간다. 그런데 악보를 들고 노래를 부르는 것은 삼가야 할 행동이다. 악보가 꼭 있어야 한다면 보면대를 청해라. 보면대에 악보를 두고 곁눈질로 보면서 노래를 부르면, 노래 부르는 자신의 모습을 심사위원에게 보여줄 수 있다. 손에 악보를 들고 있으면 악보에 집중하게 되어 악보만 보면서 노래를 부르게 되는 경우가 많다. 그런 경우 심사위원들은 준비가 되어있지 않다고 판단하게 되므로, 점수를 깎는 요인이 된다. 또한 노래를 부를 때의 의상은 세미정장을 권한다. 남자는 턱시도를 착용해도 좋다. 외국의 경우 오디션장에서 배역이

입어야 할 옷을 스스로 준비하여 등장하는 경우도 많은데, 국내 오디션장을 가면 무용 때문에 트레이닝복을 입고 나타나는 경우가 많아서 하는 말이다. 노래를 부를 때는 적어도 깔끔하게 입기를 권한다.

## (3) 무용, 리드미컬하게 추는 것이 중요하다

무용 오디션은 안무가나 조안무가가 해당 뮤지컬에 사용될 안무를 2~3분 정도의 분량으로 준비하여 30분 정도 가르친다. 오디션에 참가하는 모든 배우가 함께 안무를 배우고, 개인 연습을 한 뒤 혼자나 삼삼오오 짝을 지어 심사를 받게 된다.

무용은 한마디로 동작을 많이 해본 사람이 동작을 잘 살릴 수 있다. 당연한 말이겠지만 무용 연습을 많이 한 사람만이 무용을 더 잘할 수 있다는 말이다. 뮤지컬 오디션을 준비하는 이들 중에 노래 훈련은 열심히 하지만 무용 실기를 과소평가하는 경우가 많다. 모두가 주연이 될 수 없고 초보라면 조연급도 어렵기 때문에 대부분 앙상블로 시작하게 되는데, 앙상블에 선발되기 위해서는 무용 실력이 좋아야 한다. 따라서 오디션을 준비하는 훈련생은 발성만이 아닌 무용 연습을 꾸준히 해야 한다. 무용을 시작해 보면 알겠지만 무작정 따라한다고 갑자기 잘 할 수 있는 영역이 아니다. 음악을 듣고 리듬을 타면서 몸으로 리드미컬하게 표현할 수 있어야 한다. 무용 동작들이 액티브하게 나오지 않고 흐물흐물하게 흘러가 버리면 좋은 무용 점수를 기대하기 어렵다. 가장 중요한 건 리드미컬하게 출 수 있느냐이다. 눈을 감고 음악을 들어보면 박자나 악기들이 개별적으로 살아 있음을 느낄 수 있을 것이다. 이를 듣고 몸을 따라 움직일 때 바운스가 중요한데, 바운스는 온 몸에 힘을 빼고 음악에 맞춰 무릎을 위, 아래로 살짝 살짝 움직이는 걸 말한다. 음악의 리듬에 몸을 맞추다 보면 자신도 모르게 춤을 추고 있다는 것을 알게 된다. 이때의 몸의 움직임을 기억하고 동작을 완성시키다보면 어느새 리드미컬하게 춤을 추고 있는 자신을 발견할 수 있다.

# (4) 연기, 살아있는 자신의 연기를 찾아내 보여줘야 한다

일반적으로 오디션은 심사위원 앞에서 혼자 연기하는 것이 많다. 그렇게 되면 어쩔 수 없이 자신의 대사만 하게 된다. 그렇다고 해서 독백 연기를 보여주는 것은 아니고, 마치 상대방이 있는 것처럼 상상하고 연기를 하는 것이다. 종종 오디션 심사위원의 자격으로 가보면 대부분 본인 대사만 외워서 줄줄 내뱉을 뿐 듣는 과정이 없다. 아무리 혼자 연기를 잘한다고 해도 상대방의 말을 듣는 리액션이 없다면, 그 연기는 리얼리티가 떨어져 보인다. 연기는 보이는 것이지, 말한다고 해서 연기가 되는 건 아니기 때문이다.

보통 지정 연기는 대본을 미리 제공하는데, 러시아나 영국 같은 외국의 경우에는 연기 시 리얼리티를 위해 대본을 함께 연습한 상대 배역과 같이 연기하기에 혼자 연기하는 경우가 거의 없다. 독백으로 연기하는 곳은 우리나라밖에 없는 것 같다.

이런 환경에서 좋은 연기를 하고 싶다면 심사위원을 상대 배역이라 생각하고 연기하길 권한다. 심사위원을 상대 배역으로 생각하고 심사위원의 표정과 느낌을 받으면서 연기를 하는 것이다. 이렇게 느낌을 받으면서 하는 연기가 배우의 감정을 유지하는데 반드시 필요하다. 심사위원을 보면서 연기를 한다면 심사위원들의 표정에 변화가 없을지라도 당신의 연기 느낌을 받을 것이고, 이는 곧 좋은 점수로 연결될 것이다. 조심해야 할 점이 있다면 심사위원의 눈을 뚫어지게 보는 것은 금물이다. 부담스러워 할 수 있으니 이마 위나 어깨를 보면서 연기를 해야 한다.

또 연기가 좋았거나 뭔가 부족하다고 여겨 심사위원들이 드라마나 영화의 한 장면 등을 추가로 요구하는 경우도 있다. 이때 순발력 있는 연기를 잘 발휘할 수 있다면 연기에 대한 가능성을 인정받을 수 있다. 여기서 순발력 있게 연기를 잘한다는 의미는 해당 드라마나 영화의 배우 연기를 모방한 것이 아닌, 살아 있는 스스로만의 연기를 말한다.

마찬가지로 연기 연습 시 주의해야 할 점은 드라마나 영화의 배우 연기를 모방하려는 시도는 절대로 하지 말아야 한다. 참고는 할 수 있지만 배우의 말투나 연기를 따라 연습하면 그 배우의 감정을 연습한 결과가 되어 자신의 감정을 보여주기 어렵기 때문이다. 그리고 해당 배우의 연기가 완벽한 것이라고 보장할 수도 없기 때문에 따라 하려고만 하면 흉내 내기에 불과할 뿐, 진정한 연기라고 보기는 어렵다. 가장 좋은 것은 대사만 뽑아서 인물과 상황, 극에 대한 분석 후 연기자 본인의 실제 목소리와 감정을 보여주는 것이다. 실제 생활에서의 말투와 감정표현을 '나라면?'이라고 가정하고 재해석해 보는 것이다. 그렇게 하면 좀 더 진실하고 자연스러운 연기를 할 수 있게 된다.

특히 자유 연기를 할 때 보면 인상 깊은 연기를 보여주겠다고 소리를 지르거나 절규하는 연기를 선택하는 경우가 있는데, 이것처럼 안타깝고 보기 힘든 경우가 없다. 대사톤이 정해져 있어 감정 표현이 어려운 사극, 들으면 불편해지는 욕하는 연기, 건조하고 슬픈 대사 등은 되도록 피해야 한다. 가장 좋은 자유 연기는 자신의 실제 성격이나 말투에서 너무 벗어나지 않는 연기이다. 오디션 자유곡을 준비하는 것처럼 하나의 장면에서 다양한 감정이 표현되는 것이라면 더욱 좋다. 심사위원들이 다른 연기를 보여 달라고 할 수도 있기에 다른 분위기의 연기 장면들을 몇 개 준비해 가는 것도 좋다. 가장 사실적으로 보이는 연기가 좋은 연기이다.


## (5) 인터뷰, 쓸데없는 자기 부각은 금지

노래, 무용, 연기 오디션을 볼 때마다 간단한 인터뷰를 하게 된다. 이때 자기를 돋보이게 하려고 심사위원들과 불필요한 대화를 하거나 개성 있는 자기소개를 위해 애쓰는 경우가 있는데, 필자는 그런 것으로 에너지를 소모하지 않기를 권한다. 이를테면 큰 목소리로 인사하는 것이나 요란스런 자기소개는 필요 없다는 말이다. 차분하게 자신을 밝힌 후 곧 있을 연기를 위해 집중력을 유지해야 한다. 오디션은 노래, 무용, 연기 실력을 보는 자리이지 인사를 보는 자리가 아니기 때문이다. 대화는 물어보는 말에만 간단히 대답하면 된다. 자신의 실력 외의 것으로 심사 위원들에게 잘 보이는 것은 아무 소용이 없다.

## (6) 긴장, 풀려고 하지 말고 집중 훈련을 할 것

사실 오디션장에서 긴장하지 않는 배우는 극히 적을 것이다. 물론 긴장해서 떠는 것만큼 감점 요인이 되는 것도 없다. 그래서 지원자들은 긴장을 풀고자 자기 자신을 편안하게 만들려고 노력한다. 그러나 너무 편안하게 되면 호흡의 집중도를 떨어뜨려, 감정이 내려앉는 경우가 발생할 수도 있다. 불편하고 긴장된 상태에서도 집중력을 발휘할 수 있는 훈련을 해왔다면 호흡의 집중도를 떨어뜨려 감정을 놓치는 경우는 그만큼 적어진다. 긴장으로 인해 실수를 했다면 다시 하면 된다. 섬세한 감정의 선을 놓치는 것보다 그게 낫다. 긴장을 풀려다가 자신의 감정을 놓치지 않도록 주의해야 한다.

## (7) 뮤지컬 오디션 정보

가장 신뢰도 높은 뮤지컬 오디션 정보를 확인하고자 한다면 개별 뮤지컬 극단을 통해 확인하는 것이 가장 좋으며, 각 극단별 사이트를 참조하는 것도 좋다.

〈통합 뮤지컬 오디션 정보 사이트〉

| OTR | http://www.otr.co.kr/ |
| 캐스트넷 | http://www.castnet.co.kr/ |
| 필름메이커스 | http://www.filmmakers.co.kr/ |
| 액터잡 | http://cafe.naver.com/actorjob/ |
| 뮤지컬과 입시정보카페 | http://cafe.naver.com/actone/ |

지금까지 뮤지컬 배우가 갖춰야 할 소양과 기본자세로 노래, 무용, 연기를 살펴봤다. 또한 이 역량을 제대로 발휘할 수 있도록 긴장을 이완시키는 훈련에 대해서도 알아보았다.

사실 이러한 내용은 이 책을 쓰면서 수없이 반복되었던 말이기도 하다. 배우가 무대 위에서 진실로 자유로워지기 위해서는 지금까지 말한 노래, 무용, 연기들이 끊임없는 훈련과 반복을 통해 몸에 완전히 배여, 마치 새로 맡은 역할이 평생의 자신이었던 것처럼 체득해야 하는 것이다. 이것은 하루 이틀 만에 이뤄지는 것은 절대 아니며, 정말 많은 노력이 필요하다. 이미 완성된 배우라고 일컬어지는 이들도 매일매일 훈련을 통해 훈련하고 있음을 기억하고 꾸준히 노력하자.

## 3. 노래와 음성은 같은 소리여야 한다.

　노래 부르기에 앞서 가사를 음정에 맞게 부르는 것이 익숙해지도록 박자와 리듬 훈련을 한다. 가사는 모음을 중심으로 발음해야 고음을 내거나 정확한 발음 전달이 용이하게 된다. 따라서 노래 부르기에 있어 모음 연습이란 노래를 부를 때나 대사를 연기할 때 생명력을 불어넣는 훈련이라고 말할 수 있다.

　글자를 소리로 낼 때 발성기관과 호흡기관이 자연스럽게 열려 있고 연습한대로 할 수 있다면 소리는 아름답게 나오게 된다. 이 소리에 가사의 모음과 자음의 변화를 확인하면서 리듬과 진동을 사용하여 감정을 표현한다. 노래 부르기에 있어 감정을 표현하는 것은 절대적이다. 말에 아름다운 음색을 넣어 상대방에게 공감할 수 있는 감동을 주고 싶은데, 아무런 감정도 이입하지 않고 노래한다면 전혀 와 닿지 않을 것이다. 마냥 노래만 잘하려고 한다면 관객은 즐겁지도 않고 공감할 수도 없기 때문에, 그만큼 자신의 소리를 알고 이를 잘 조절하면서 진심을 담아 노래해야 하는 것이다. 여기에서 많은 학생들이 감정을 표현하려다가 정작 전달하려는 소리의 본질을 놓치는 실수를 범한다. 그러지 않기 위해서 소리를 먼저 출발시킨 뒤 다음으로 나가는 소리에 감정을 실어서 내보내는 과정에서 소리가 유지되도록 주의해야 한다. 즉 대사를 할 때와 노래를 부를 때의 소리 빛깔이 같아야 하는 것이다. 대사를 할 때는 가벼운 소리를 내다가 노래를 부를 때는 목소리가 두껍게 나오거나 억눌린 소리를 내는 배우들이 간혹 보인다. 이것은 노래를 부르거나 대사를 할 때 감정을 표현하기 위해서 가슴에 힘을 주기 때문이다. 복식호흡이 준비되지 않은 상태에서 목구멍을 누르며 만들어 내는 소리는 노래는 물론, 대사조차도 듣기 괴로운 외침이 된다. 그만큼 복식호흡을 통해 소리를 먼저 생각하고 이 소리에 감정을 실어 내야 하는 것과 그 소리가 감정에 따라 달라지는 것이 아닌 일관되게 좋은 소리로 낼 수 있는 것은 뮤지컬 배우로서 너무나 필요한 자질이다.

　이런 것을 너무 잘 알아서일까? 어느 때부터인가 나도 모르게 공연을 관람할 때마다 흥분과 떨림을 느끼기보다는 좋은 배우들을 만나길 기도하게 된다. 한편의 뮤지컬 작품이 무대에 오르기 위해서는 수많은 사람들의 노력과 땀이 바탕이 되어야 한다. 연출자와 스태프, 무대의 꽃이라고 말하는 배우들과 관객까지 모두 필요하다. 공연에 동원되는 스태프를 구체적으로 살펴보면 음악 파트의 작곡가와 작사가, 음악을 배우들에게 지도하고 이끌어주는 음악 감독, 앙상블을 위한 합창 지휘자, 연습 반주자, 오케스트라 반주로 협연을 하거나 MR 반주로 공연이 진행될 때 현장감을 살리기 위한 악기 연주자(세션)들이 있다. 안무 파트로는 안무 감독이 있으며 큰 공연은 조안무자가 필요하기도 하다. 그 밖에도 무대 의상, 분장사, 조명, 무대 감독 등 수많은 무대의 진행자들이 있다. 마지막으로 작품을 이끌어가는 선장인 연출자와 조연출들이다. 이 모든 스태프들은 무대의 꽃인 배우를 위해 존재하는 사람들이라고 해도 틀린 말은 아니다. 이렇게 공연 전반에 걸쳐 많은 사람들이 노력과 땀을 쏟게 되지만, 정말로 필자가 말하고 싶은 것은 배우의 역할이다. 배우는 막이 올라 공연이 진행되고 막이 내리는 순간까지 그동안의 모든 땀과 노력이 헛되지 않도록 아낌없는 기량을 보여줘야 하는 것이다.

필자는 그런 각고의 노력을 너무나 잘 알기에 공연을 관람할 때마다 마치 공연을 준비한 사람처럼 조마조마한 것이다. 사람이 하는 작업이기에 작은 실수는 용서하며 극중에 몰입하려고 하지만 가끔씩 귀에 거슬리는 소리가 들리는데, 그것은 마치 오래된 LP레코드판이 튀는 소리와 같다. 바로 준비되지 못한 배우의 노래이다.

대사는 아름다운 소리로 말하지만 노래를 부르는 순간 대사할 때의 서정적인 면은 찾기 어렵고, 대사를 할 때는 굵은 바리톤 소리인데 반해 노래할 때는 억누르고 쥐어짜는 소리를 낼 때에는 같은 뮤지컬 배우로서 참으로 안타깝다. 앞에서 살펴봤던 것처럼 뮤지컬에서는 많은 역할이 목소리의 빛깔로 결정이 되는데, 대사를 할 때와 노래할 때의 소리가 달라지면 갑자기 분위기가 전환되면서 모두가 어색함을 느끼게 되는 것이다. 대사하는 소리와 노래는 같은 빛깔의 소리를 내야하며, 흥분되거나 슬픈 상황이라고 하여 소리의 빛깔까지 바꾸면 안 된다. 이것은 음성 훈련과 노래 발성이 준비되지 못한 경우에 많이 발생하는 실수로, 관객의 적극적인 공감과 호응을 얻기 어렵다. 배우는 연습이 시작될 때부터 무대의 막이 오르고 내려가는 그 마지막 순간까지 긴장의 끈을 놓지 말고 최선을 다해 임해야 한다. 어떠한 공연이든 또 어떠한 순간이든 가벼운 생각과 행동을 하는 것은 결코 짧지 않은 준비 시간을 포함하여 공연하는 내내 땀 흘리며 수고하는 많은 사람들에게 큰 실수를 하는 것이다.

## "극 중 대사와 노래를 부르는 소리는 동일해야 한다."

생각해보면 이 말을 하기 위해 이 책을 썼다. 뮤지컬 배우는 무대에서 만큼은 자신이 아닌 모두의 사람, 즉 공인이라는 것을 한시도 잊지 말고 부단히 노력하고 준비하여 행동하는 배우가 되어야 한다.

누군가는 말했다. 뮤지컬 배우로서 가장 큰 조건과 자질은 타고난 재능보다 꾸준한 노력이라고. 그리고 좋은 뮤지컬 배우란 주연 배우가 아닌 자신에게 어울리는 역할을 잘 소화할 수 있는 배우라고 말이다. 뮤지컬 배우는 크게 주연과 조연, 그리고 앙상블 배우로 나눌 수 있는데, 주인공이 잘 어울리는 사람, 조연이 잘 어울리는 사람, 그리고 앙상블이 잘 어울리는 사람 모두 타고난 재능이 다르다. 주연이라고 해서 좋은 배우고 앙상블 배우라고 해서 좋은 배우가 아닌 것이 아니다. 사실 많은 이들이 주연을 맡고 싶어 하고 그런 차원에서 경쟁과 욕심들이 생겨나지만, 그 보다 먼저 좋은 뮤지컬 배우란 자신이 어떤 역할에 어울리는지 알고 그 부분을 충분히 개발하는 것이 중요하다.

누구나 배우를 시작할 수 있지만 누구나 좋은 배우가 될 수는 없다는 말이 있다. 그냥 하고 싶다는 마음만으로는 부족하다. 꾸준한 노력과 열정이 수반되어야 하는 직업이다. 그만큼 뮤지컬 배우가 갖춰야 할 기본적인 소양은 하루아침에 이뤄지는 것이 아니다. 물론 노래만을 잘하자는 것은 아니다. 배우로서 필요한 무용과 연기에 대한 끊임없는 훈련을 하면서 이와 동시에 절제도 필요한 것이다. 매일매일 규칙적인 생활을 하며,

목소리를 개발하고 음성 훈련과 노래를 위한 발성 훈련 등 더 나은 공연을 위해 부단히 노력하는 배우를 우리는 훌륭한 배우라 부른다.

부록

# 부록 1. 뮤지컬 극단/뮤지컬 학과

## 1. 뮤지컬 극단 리스트

| 극단명 | 주 소 | 연락처 | 홈페이지 | 주요작품 |
|---|---|---|---|---|
| (주)쇼앤라이프 | 서울시 성북구 성북동 300-2 2층 201호 | 02-743-6487 | www.shownlife.com | 프로포즈 / 날아라,박씨! / 화려한 휴가 / 더클럽 / 아빠의 청춘 외 |
| N.A 뮤지컬 컴퍼니 | 서울시 종로구 동숭동 192-8 201동 | 02-2236-9296 | www.namc.or.kr | 레미제라블 / 정글북 / 한여름밤의 꿈 / 로미오와 줄리엣 |
| 랑 | 서울시 서초구 신반포로47길 18-5(잠원동, 3층) | 02-556-4303 | MAC Theatre | 광화문연가 / 스프링어웨이크닝 / 쓰릴미 / 서편제 / 쌍화별곡 / 넥스트투노멀 / 내마음의 풍금 |
| MAC Theatre | 대구시 남구 대명3동 1891-2번지 4층 402호 MAC Theatre | 070-8226-5736 | www.mac.or.kr | 진골목 용진당패 / 빨간모자와 늑대길들이기 / 비방문탈취작전 |
| 오디뮤지컬컴퍼니 | 서울시 강남구 도곡로 37길 20 (역삼동 784 화하빌 3층) | 02-556-8556 | www.odmusical.com | 지킬앤하이드 / 그리스 / 스토리오브마이라이프 / 블루룸 / 페임 / 올슉업 / 드림걸즈 / 웨딩펀드 / 나인 / 맨오브라만차 / 마이페어레이디 / 스펠링비 / 싱글즈 / 브루클린, 베이비 / 넌센스어맨 / 리틀샵오브호러스 / 어쌔신 / 아가씨와 건달들 |
| 신시컴퍼니 | 서울시 서초구 양재동 398-4 | 02-577-1987 | www.iseensee.com | 뮤지컬 엄마를부탁해 / 시카고 / 뮤지컬 키스 미, 케이트 / 베로나의 두 신사 / 뮤지컬 틱틱붐 / 뮤지컬 아이다 / 맘마미아 / 댄싱쌔도우 / 고스트 |
| 아신아트 컴퍼니 | 대전시 중구 대흥동 189 가톨릭문화회관 아트홀 | 042-1599-9210 | www.a-sin.co.kr | 피크를 던져라 / 넌센스 |
| EMK뮤지컬컴퍼니 | 서울시 강남구 신사동 630-2 신사빌딩 6층 | 02-6391-6333 | www.emkmusical.com | 엘리자벳 / 황태자루돌프 / 레베카 |
| DS뮤지컬 컴퍼니 | 부산시 사상구 주례2동 산69-1 동서드림이벨리 103호 | 051-323-3244 | www.dsmusical.co.kr | 유후와 친구들 / 구름빵 |
| CMI | 서울시 서초구 반포동 748-1 청호타워 1301호 | 02-547-5694 | www.cmikorea.co.kr | 레미제라블 / 미스사이공 |

| 극단명 | 주 소 | 연락처 | 홈페이지 | 주요작품 |
|---|---|---|---|---|
| 파파프로덕션 | 서울시 종로구 동숭동 1-41번지 우성빌딩 3층 | 02-747-2050 | www.papaproduction.com | 라이어123탄 / 우먼인블랙 / 춘천거기 / 버자이너모놀로그 |
| 파워엔터테인먼트 | 대구시 수성구 황금2동 885-7번지 4층 | 053-762-0000 | www.powerenter.com | 대구 오페라의 유령 / 캣츠 / 난타 |
| 좋은날 음악기획 | 울산시 남구 달동 1340 -15번지 2층 | 052-257-6394 | | |
| 유열컴퍼니 | 서울시 서초구 반포동 66-1 코웰빌딩 10층 | 02-585-4546 | yooyeol.kr/nr | 어린이뮤지컬 브레멘 음악대 |
| 유니버셜라이브/예술이흐르는강 | 강원도 원주시 판부면 서곡리 2021번지 3호 | 033-766-3905 | www.unilive.co.kr | 예술이 흐르는 강 / 강원푸드박람회 |
| 오넬컴퍼니 | 서울시 종로구 새문안로5길 19 오넬컴퍼니 | 02-721-5514 | www.뮤지컬서편제.com | 서편제 |
| 예술기획성우 | 대구시 남구 대명5동 1711-4번지 운천빌딩 3층 | 053-421-1980 | www.goconcert.co.kr | 레미제라블 / 맘마미아 / 시카고 |
| 연우무대 | 서울시 종로구 명륜1가 5번지 4층 연우무대 | 02-744-5701 | www.iyeonwoo.co.kr | 오 당신이 잠든 사이 / 여신님이 보고계셔 |
| 엠뮤지컬컴퍼니 | 서울시 종로구 연건동 198-7 제일빌딩 3층 | 02-764-7858 | www.mmusical.co.k | 삼총사 / 잭 더 리퍼 |
| 악어컴퍼니 | 서울시 종로구 명륜1가 72-3번지 소석빌딩 3층 | 02-764-8760 | www.aga99.co.kr | 라디오스타 / 백설공주를 사랑한 난장이 / 젤소미나 / 나생문 |
| 쇼플레이 | 서울시 강남구 논현동 39-1번지 202호 | 02-556-5910 | www.show-play.com | 라디오스타 / 백설공주를 사랑한 난장이 / 젤소미나 / 나생문 |
| 서울 예술단 | 서울시 서초구 남부순환로 2406 예술의전당 음악당 내 서울예술단 | 02-523-0984 | www.spac.or.kr | 심청 / 크리스마스캐롤 / 로미오와줄리엣 / 바람의나라 |
| 밝은누리 | 대구시 중구 대봉동 43-21 5층 | 053-1566-9621 | www.brightworld.co.kr | 뽀로로와 비밀의 방 / 맘마미아 |
| 박앤남공연제작소 | 서울시 강남구 논현동 118-14 강남빌딩 202호 | 02-3443-8695 | www.parknnam.com | 아이러브유 / 남경주 올댓뮤지컬 |

| | | | | |
|---|---|---|---|---|
| 뮤지컬컴퍼니 오픈런 | 서울시 마포구 성3동 293-5 지층 | 02-765-8108 | club.cyworld.com/ ope | 뮤지컬 오디션 |
| 명랑씨어터 수박 | 서울시 성북구 삼선동 1가 18번지 3층 | 02-928-3362 | www.mtsoobak.com | 한밤의세레나데 / 빨래 |
| 극단 CT/극장 CT | 대구시 중구 남일동 109-2 제일빌딩 지하1층 CT극장 | 053-256-0369 | | |
| 극단 코스모스 | 서울시 중구 장충동 1가 56-13 102호 | 02-322-4111 | www.gaemee.net | 날으는 피터팬 / 방황하는 별들 / 사운드 오브 뮤직 |
| 극단 민중 | 경기도 고양시 덕양구 행신동 697번지 무원마을 지산아파트 903동602호 | 02-324-6703 | www.stageman.co. kr | 아가씨와 건달들 |
| 극단 모시는 사람들 | 경기도 과천시 중앙동 6-2 과천시민회관 2층 | 02-507-6487 | www.modli.com | 강아지똥 / 오아시스세탁소습격사건 / 블루사이공 |
| 극단 마루 | 경남 밀양시 삼문동 청구아파트 102-315 | 055-352-6222 | cafe.naver.com/ alcompany | 천국으로 배달해 드립니다 |
| 공간엔터테인먼트 | 대전시 서구 괴정동 114-26번지 1층 | 042-1588-2532 | www.ggconcert.net | 지킬앤하이드 / 광화문 연가 |
| (주)KnP 엔터테인먼트 | 부산시 해운대구 수영강변대로 140 부산문화콘텐츠콤플렉스 716호 | 051-1599-8879 | | 영웅 / 넌센세이션 / 오즈의 마법사 / 모세 / 명성황후 |
| (주)하늘이엔티 | 부천시 원미구 상3동 534-9 모건시티 409호 | 032-322-9678 | www.skyshow.co. kr | 맘마미아 / 슈퍼영웅 뽀로로 |
| (주)문화콩 | 부산시 수영구 민락동 162-1 | 051-1688-8998 | | 뮤지컬 한아이 |
| (주)라이크 엔터테인먼트 | 서울시 강남구 논현동 3-1 신사빌딩 3층 | 02-515-4844 | | |
| 예감 | 서울시 종로구 관철동 33-1 시네코아빌딩 9층 | 02-722-3995 | www.yegam.com | 점프 / 브레이크아웃 |
| CJ엔터테인먼트 | 서울시 마포구 상암동 1606번지 CJ E&M센터 17층 | 02-371-8030 | www.cjenm.com | 오페라의 유령 / 드림걸즈 / 김종욱찾기 / 막돼먹은 영애씨 |
| 쇼노트 | 서울시 용산구 한남동 794-6번지 3층 | 02-3485-8700 | www.shownote.com | 헤드윅 / 벽을뚫는남자 / 스핏파이어그릴 / 미녀는괴로워 |

| 극단 현대극장 | 서울시 종로구 혜화동64-1 금환B/D 4층 | 02-762-6194 | www.theatre-hyundai.co.kr | 지저스 크라이스트 슈퍼스타 / 요셉 어메이징 / 레미제라블 / 빠담빠담빠담 / 사운드 오브 뮤직 |
|---|---|---|---|---|
| 뮤지컬해븐프러덕션 | 서울시 종로구 동숭동 1-88 계우빌딩 4층 | 02-744-4337 | www.musicalheaven.co.kr | 스위니토드 / 쓰릴미 / 넥스투노멀 / 스프링어웨이크닝 / 번지점프를 하다 |
| 설앤컴퍼니 | 서울시 강남구 논현동 133-11 노블레스빌딩 2층 | 02-3444-0677 | www.seolcompany.com | 지저스 크라이스트 수퍼스타 / 피핀 / 아이러브유 / 프로듀서스 / 오페라의 유령 / 캣츠 / 에비타 |
| 에이콤인터내셔날 | 서울시 송파구 가락본동 8-2 가락빌딩 2층 | 02-2250-5900 | www.iacom.co.kr | 영웅 / 완득이 / 명성황후 / 39계단 / 겨울나그네 |
| 조아뮤지컬컴퍼니 | 서울시 마포구 연남동 482-2 오송아트빌 A동 202호 | 02-584-2421 | www.joa.or.kr | 줌데렐라 / 더라이프 / 연탄길 / 친정엄마 / 마리아마리아 |
| [이다.]엔터테인먼트 | 서울시 종로구 동숭동 1-41 우성빌딩 6층 | 02-762-0010 | www.e-eda.com | 뮤지컬 오디션 / 샤인 / 트라이앵글 / 궁 / 판타스 |
| 사단법인 유니버설공연예술협회 | 서울시 성동구 하왕십리 878-2 | 02-583-7393 | www.upata.org | The Jungle Book / Princess 평강 General 온달 / 브로드웨이 옴니버스 뮤지컬 갈라공연 |
| 문화아이콘 | 서울시 종로구 명륜1가 31-22 | 02-941-0810 | www.mhicon.com | 표절의왕 / 어린이 뮤지컬 구름빵 / 젊은 베르테르의 슬픔 |
| 넌센스컴퍼니 | 서울시 종로구 혜화동 185번지 중원빌딩 지하 2층 | 02-741-1234 | www.nunsense.kr | 뮤지컬 넌센스 |
| 크리에이티브리더스 그룹에이트 | 서울시 용산구 한남동 736-5 대원빌딩 4층 | 02-6900-8888 | www.group8.co.kr | 뮤지컬 궁 |
| PMC프러덕션 | 서울시 강남구 삼성동 159번지 무역센터 코엑스아티움 현대아트홀 | 02-739-8288 | www.i-pmc.co.kr | 금발이 너무해 / 대장금 / 뮤직인 마이하트 / 형제는 용감했다 |

## 2. 국내 뮤지컬학과 리스트

| 대학/ 대학원 | 학 과 | 주 소 | 전화번호 | 사이트 |
|---|---|---|---|---|
| [4년제] | | | | |
| 단국대학교 | 공연영화학부 뮤지컬전공 | 경기도 용인시 수지구 죽전로 152 | 031-8005-3122 | www.dankook.ac.kr/web/kor/c1_2_1_3 |
| 세한대학교 | 뮤지컬학과 | 전라남도 영암군 삼호읍 녹색로 | 061-469-1114 | www.sehan.ac.kr/main/coll/arti/musical.do |
| 동국대학교 | 예술대학 연극/뮤지컬전공 | 서울시 중구 필동로 1길 30 | 02-2260-8753 | www.dongguk.edu/mbs/kr/subview.jsp?id=kr_030111050000 |
| 동서대학교 | 뮤지컬과 | 부산시 해운대구 센텀중앙로 55 | 051-950-6571, 6572 | uni.dongseo.ac.kr/film/?pCode=1280222160 |
| 명지대학교 | 영화뮤지컬학부 | 경기도 용인시 처인구 명지로 116 | 31-330-6207 | www.mju.ac.kr/user/introduction_mju/info/college/department_list.jsp?deptCd=13792&id=mjukr_020207050100& |
| 목원대학교 | TV/영화학부 | 대전시 서구 목원길21 | 042-829-7980 | |
| 영산대학교 | 연기뮤지컬학과 | 부산시 해운대구 반송순환로 142 | 051-540-7179 | |
| 용인대학교 | 뮤지컬/연극학과 | 경기도 용인시 처인구 삼가동 용인대 | | yiutm.co.kr |
| 한세대학교 | 예술학부 공연예술 | 경기도 군포시 당정동 604-5번지 | 031-450-5114 | www.hansei.ac.kr/html/sub03/sub03_06_01a.asp |
| 중부대학교 | 뮤지컬 음악학과 | 충남 금산군 주부면 대학로101 건원관 9층 913호 | 041-750-6836 | web.joongbu.ac.kr/jbmusic |
| 청운대학교 | 뮤지컬 연기학과 | 충남 홍성군 홍성읍 남장리 산 29번지 | 041-630-3114 | www.chungwoon.ac.kr |
| [2, 3년제] | | | | |
| 경민대학교 | 뮤지컬/연기과 | 경기도 의정부시 가능3동 562-1 | 031-828-7340 | kmc.kyungmin.ac.kr/musical/ |
| 대덕대학교 | 연극영상과 | 대전시 유성구 가정북로 68 | 042-866-0640 | www.actvideo.kr/ |

| 동아방송<br>예술대학교 | 예술학부 뮤지컬<br>전공 | 경기도 안성시 삼죽면 진촌리<br>632-18 | 031-670-6600 | art.dima.ac.kr/ |
|---|---|---|---|---|
| 백제예술<br>대학교 | 뮤지컬과 | 전라북도 완주군 봉동읍 백제<br>대학로 171 | 063-260-9210 | www.paekche.ac.kr/<br>musical/ |
| 송원대학교 | 실용예술학과 | 광주시 남구 송암로 73 | 062-360-5959 | art.songwon.ac.kr/ |
| 여주대학교 | 음악공연예술과 | 경기도 여주군 여주읍 세종로<br>338번지 | 031-880-5369 | blog.yit.ac.kr/team<br>Musicca |
| 용인송담<br>대학교 | 뮤지컬연기과 | 경기도 용인시 처인구 동부로<br>61 | 031-330-9400 | cafe.naver.com/<br>ysmusical |
| 청강문화<br>산업대학교 | 뮤지컬스쿨 | 경기도 이천시 마장면 청강가<br>창로 389-94 | 031-639-4551<br>~4555 | musical.ck.ac.kr/ |
| 한양여자<br>대학교 | 실용음악과 | 서울시 성동구 살곶이길 200 | 02-2290-2114 | www.hywoman.ac.kr/<br>user/music/ |
| 대경대학교 | 뮤지컬과 | 경상북도 자인면 단북1길 65번<br>지 | 053-850-1000 | musical.tk.ac.kr/ |
| 서울예술<br>대학교 | 연기과 | 경기도 안산시 단원구 예술대<br>학로 171 | 031-412-7100 | club.cyworld.com/<br>actingno1 |

| [4년제 학사인정] | | | | |
|---|---|---|---|---|
| 서울종합예술<br>직업학교 | 공연제작뮤지컬학<br>부 | 서울시 강남구 테헤란로 505 | 1544-0609 | www.sac.ac.kr/main/<br>index/index009.jsp |
| 한국콘서바토<br>리 | 연기예술계열 | 서울시 강남구 신사동 640-2 | 02-2055-1983<br>~5 | www.sapc.or.kr/Sub_<br>dept/02_index.php |

| [대학원] | | | | |
|---|---|---|---|---|
| 세종대학교문<br>화예술콘텐츠<br>대학원 | 공연예술학과<br>뮤지컬 전공 | 서울시 광진구 군자동 98번지 | 02-3408-3114 | www.sejong.ac.kr/<br>cm.sejong.ac.kr/user/<br>perfarts/ |
| 중앙대학교종<br>합예술대학원 | 뮤지컬씨어터전공 | 서울시 동작구 흑석로 84 | 02-820-5461 | www.cau.ac.kr/gra<br>duate.cau.ac.kr |
| 서울시립대학<br>교대학원 | 음악학과<br>뮤지컬 전공 | 서울시 동대문구 시립대로 163 | 02-6490-6114 | www.uos.ac.kr<br>graduate.uos.ac.kr |

# 부록 2. 오디션 공고/응시원서 예시

## <뮤지컬 화려한 휴가> 오디션 준비 사항

오디션에 지원한 분들은 아래의 대사 노래 춤을 모두 준비하기 바랍니다.
(선택 아님. 남자는 남, 여자는 여 역할을 준비할 것.)

### 대사

남 (한숨)진우가요…, 공부를 너무 많이 해요. 물론 공부를 잘하는 게 집안내력이긴
하지만 저건 너무 지나치다 싶을 정돕니다. 왜 그런 거 있잖아요. 몇 년 동안
고시공부만 하다가 미쳐 버리는 사람들. 제가 곁에서 보면 무서울 정돕니다. (한
숨)어떻게 하면 좋을까요? 그래서 말인데요, 부탁 하나 들어 주세요. 극장에 같
이 가 주십시오. 이건 순전히 진우를 위해서입니다. 진우도 그 뭡니까…, 문화생
활… 같은 걸 하게해 주려고요 강제로라도…, 극장에 같이 가 주실 거죠?

여 여러분 지금 계엄군이 시내로 쳐들어오고 있습니다. 사랑하는 우리 형제자매들
이 계엄군의 총칼에 죽어가고 있습니다. 우리 모두 일어나서 계엄군과 끝까지 싸
웁시다. 우리는 최후까지 싸울 것입니다. 우리는 광주를 지키고야 말 것입니다.
광주 시민 여러분 우리를 기억해 주세요.

### 노래

남 - <불의 검> 중 "그대도 살아주오"
여 - <맘마미아> 중 "The winner takes it all (한국판에서는 "다 갖죠")"
(오디션에서 MR이나 반주 필요치 않음.)

### 무용 혹은 신체표현

다음 사항을 안무와 행동으로 표현하시오. (남녀 공통)

낮. 인적이 없는 거리. 누군가 갑자기 나타나 내 앞에 쓰러진다. 그에게 다가
가려는 찰나 갑자기 몽둥이를 든 사람들이 나타나 그를 무작정 두들겨 팬다.
어떻게 할까?

▲뮤지컬 화려한 휴가 오디션 공고

## 3.1운동 100주년 기념 창작 뮤지컬 [여명의 눈동자]

| [ 오디션 지원서 ] | | | 접수번호 | |
|---|---|---|---|---|
| (사진) | 이름(한글) | | 성 별 | 남자 / 여자 |
| | 이름(영문) | | 생년월일 | YY/MM/DD |
| | 키/체중 | | 병 역 | 군필 / 미필 |
| | 연 락 처 | | | |
| | 이 메 일 | | | |
| | 주 소 | | | |

| 음 역 | Soprano(   ), Mezzo Soprano(   ), Alto(   ), Tenor(   ), Baritone(   ), Bass(   ) | | | |
|---|---|---|---|---|
| 최종학력 | 학교명 / 전공 / 졸업 or 졸업예정 | | 앙상블 | 가능 / 불가능 |
| 특기사항 | ex) 무술, 아크로바틱, 발레 등 | | | |

### [ 경력사항 ] (학교, 종교단체 및 아마추어 공연 제외) 대표작품 5개 이내로 기재

| 공연명 | 공연기간 | 공연장 | 제작사 | 배역 |
|---|---|---|---|---|
| | | | | |
| | | | | |
| | | | | |
| | | | | |
| | | | | |

### [ 참고사항 ]

* 현재 공연 중이거나 연습 중인 공연 기재
* 오디션 응시 불가 시간 및 날짜 기재
* 기타 참고사항

상기 연락처는 오디션을 위해 연락하는 목적으로만 사용될 것이며 그 밖에 이 사이트를 통해 수집되는 정보는 개인정보 보호 정책에 의해 사용될 것임. 지원자와 관련된 정보는 동의 하에 제 3자에게 제공될 수 없음.

| 프로필 (사진 2~4장) |
| --- |
| *얼굴 클로즈업 / 상반신 / 전신<br>(지원서 1장, 프로필 사진 페이지 1장으로 구성해주시길 바랍니다.) |

# (재)강원도립 극단 오디션 지원신청서

| 성 명 | | (인) | 생년월일 | | 사 진 |
|---|---|---|---|---|---|
| 신 장 | | | 체 중 | | |
| 출신지역 | | | 특 기 | | |
| 소 속 | | | 주요 활동지역 | | |
| E-mail | | | | | |
| 전화번호 | | | | | |
| 현 주소 | | | | | |

| 수상경력<br>(개인) | 일 시 | 수상 내역 | | | 수상훈격 |
|---|---|---|---|---|---|
| | | | | | |
| | | | | | |

| 작품활동 (※상세히 기록해 주세요. / 섭외 시 중요한 자료로 활용됩니다.) | | | | | |
|---|---|---|---|---|---|
| 일 시 | 장 소 | 제 목 | 작 가 | 연 출 | 배 역 |
| | | 〈별지 사용 가능〉 | | | |
| | | | | | |
| | | | | | |
| | | | | | |
| | | | | | |
| | | | | | |
| | | | | | |
| | | | | | |
| | | | | | |
| | | | | | |

상반신 사진

전신사진

공연사진

공연사진

뮤지컬을 위한 무대 발성법

### 뮤지컬 〈김종욱 찾기〉 오디션 참가지원서

| 이름(NAME) | (한글) | | (영문) | | 성별(sex) | |
|---|---|---|---|---|---|---|
| 주소(ADDRESS) | | | | | | |
| 연락처(PHONE) | (집) | | | (핸드폰) | | |
| 이메일(EMAIL) | | | | | | |
| 생년월일(BIRTH) | | | 나이(AGE) | | 병역 | |
| 특기(SPECIALTY) | | | 키(H)/몸무게(W) | | cm / kg | |

| 응시배역<br>(Role to Apply)<br>* 중복지원가능 | 주요배역 |
|---|---|
| | 그 남자 (    )<br>그 여자 (    )<br>멀티맨 (    ) |

| 현재 공연 중이거나 연습중인 작품이 있습니까? (작품명기입) | YES (    ) / NO (    ) |
|---|---|
| 오디션 참석이 불가능한 시간(공연, 연습, 수업 등으로)<br>* 참고사항일 뿐 반영되지 않을 수 있습니다. | |

경력사항(작품/역할/공연장/공연연도) THEATRICAL EXPERIENCE(SHOW/ROLE/THEATER/YEAR)
* 전공학과 내 학교 공연은 기재하지 마십시오.

| |
|---|
| |
| |
| |
| |
| |
| |
| |

# 부록 3. 발성 연습곡

## ① 모음을 위한 연습곡

p.s) 발성연습곡 "oui, (위)" 발음으로 프랑스의 "yes"란 의미를 가지고 있다.

모든 모음은 같은 자리(point)에서 소리가 시작한다.

## ② 팔세토(fasetto) 연습곡

첫소리 "*i*" 모음으로 포지션을 잡고 열린 "*e*"모음으로 호흡이 지탱이 되어진 상태에서
가볍게 비강의 울림을 느끼며 소리 내어 본다.

## ③ 울림점 찾기 연습곡

도움말) 순차적 도약에 "*i*" 모음을 같은 힘으로 가볍게 소리내세요.

### ④ 레가토 연습곡

도움말) "o" 모음부터 가볍게 복식호흡을 느끼세요. 단, 반드시 아포지오(호흡의 지탱)를 하세요.


### ⑤ 2°스타카토와 3°레카토 혼용 연습곡

도움말) 스타카토는 복식호흡으로 가볍게 소리내세요. 그리고 레가토 "a" 모음은 턱을 크게 벌리세요.


### ⑥ 3°도약 연습곡

도움말) 스타카토 3°는 복근 호흡의 힘으로 가볍게 부르세요. "a" 모음은 턱을 크게 벌리세요.

### ⑦ 5°도약 연습곡

도움말) 스타카토를 이용한 5°도약은 호흡과 함께 하고 3번째 마디부터 "o"와 "a"는 아주 약하게
악센트를 주면서 가볍게 부르세요.
단, 아포지오(호흡의 지탱)를 하시고 그 전 음소리에 같은 라인을 놓치지 않고 소리 내야 합니다.

### ⑧ 펼쳐진 화음(arpeggio) 연습곡

도움말) "oui"부터 가볍게 부르시고 "o"모음에서 턱을 크게 벌리세요. 끝까지 아포지오를 쓰세요.

### ⑨ 8°도약 연습곡

도움말) 옥타브(8°) 도약은 스타카토(staccato)를 소리 내시고 "a" 모음부터 턱을 크게 벌리시고
포지션을 놓치지 않도록 호흡을 지탱하여 음정이 떨어지지 않도록 주의합니다.

## 발성 연습곡의 부탁 말씀

– 모든 연습곡은 개인 목소리에 맞게 올바르게 연습해야 합니다.

– 소리만 크게 지르지 말고 순차적으로 근육을 풀어가며 호흡과 성대를 이용하여 연습에 임해야 합니다.

– 발성 훈련은 육체적인 노력이 요구됩니다. 항상 건강한 목 상태를 유지하고 피곤하지 않는 상태에서 연습하세요.

– 음역을 너무 높거나, 낮게 부르며 연습하면 틀린것 뿐만 아니라 건강을 해치며 오랫동안 목소리에 손상을 입을 수 있게 됩니다. 꼭 올바른 테크닉으로 가능한 음까지만 하세요. 목이 아프거나 고통이 있다는 것은 연습이 올바르지 않다는 증거입니다.

– 좋은 목소리를 원한다면 아름다운 악기인 우리의 몸을 사랑해야 합니다.

– 짧은 시간에 좋을 결과를 바라지 말고 꾸준한 연습으로 원하는 성공을 이룰 수 있습니다.

## 참고 문헌

1. Foster Hirsch, 김지영 옮김, [해롤드 프린스와 미국 뮤지컬극], 서울·도서출판 현대 미학사, 2008

2. Cornelius L. Reid, 대학음악저작연구회 역, [벨칸토 발성법], 서울·삼호뮤직, 1977

3. Cicely Berry, 이상욱 옮김, [배우와 목소리], 서울·도서출판 동인, 2012

4. Chuck Jones, 허은, 김숙경 옮김, [배우를 위한 음성훈련], 서울·공연예술 서전문출판사, 1990

5. 정진수 편저, [브로드웨이 뮤지컬], 서울·도서출판 연극과 인간, 2009

6. 박혜주, [뮤지컬 레시피], 서울·삼호뮤직, 2011

7. 크리스틴 링크레이터, 김혜리 옮김, [자유로운 음성을 위하여], 서울·도서출판 동인, 2011

8. 엔리코카루소, 루이자 테트라찌니, 손덕호 옮김, [카루소와 테트라찌니의 발성법], 서울·도서출판 청우, 1995

9. 우상전, [화술로 배우는 연기], 서울·도서출판 연극과 인간, 2006

10. 김철홍, [배우를 위한 화술과 연기], 서울·도서출판 연극과 인간, 2007

11. 김숙희 편역, [르삭기법의 발성과 스피치], 서울·도서출판 연극과 인간, 2005

12. 아서 조세프, 유리타 옮김, [보컬 파워], 서울·주다산북스, 2008

13. 조기봉, [인중 발성법과 두성], 서울·한솜미디어, 2002

14. 김태훈, [스따니슬랍스끼의 연기학 전문용어], 서울·공연예술서전문출판사 예니, 2009

15. Litz Pisk, 조한신 옮김, [배우와 신체], 서울·공연예술서전문출판사 예니, 1997

16. Richard Knoll, 김경임 옮김, [성악 기법 원리], 서울·도서출판 청우, 1984

17. Richard Brunner, 김효순 옮김, [가창기법], 서울·세광음악출판사, 1991

18. 이돈응, 이수용, 조현의, 최기선, [무대 음향 III], 서울·(주)교보문고, 2007

19. 169p 무대디자인, 임창주교수 제공

① 성안당 도서몰(https://www.cyber.co.kr/book/)에 접속하여 [회원가입]한 후 [로그인]합니다.

❷ 로그인 ❶ 회원가입

② 검색 창에 "발성법"을 입력한 후 검색 단추를 클릭합니다.

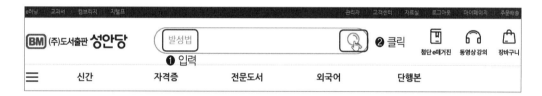

③ "뮤지컬을 위한 무대 발성법" 도서 표지를 클릭합니다.

④ [부록/예제소스]를 클릭합니다.

⑤ "무대발성법-mp3.zip" 압축 파일을 클릭하여 다운로드 후 압축을 해제하고 사용합니다.